中华人民共和国
新法规汇编

2020
第11辑

司法部 编

中国法制出版社

编辑说明

一、《中华人民共和国新法规汇编》是国家出版的法律、行政法规汇编正式版本，是刊登报国务院备案并予以登记的部门规章的指定出版物。

二、本汇编收集的内容包括：上一个月内由全国人民代表大会及其常务委员会通过的法律和有关法律问题的决定，国务院公布的行政法规和国务院文件，报国务院备案并予以登记的部门规章，最高人民法院和最高人民检察院公布的司法解释。另外，还收入了上一个月内报国务院备案并予以登记的地方性法规和地方政府规章目录。

三、本汇编所收的内容，按下列分类顺序编排：法律，行政法规，国务院文件，国务院部门规章，司法解释。每类中按公布的时间顺序排列。报国务院备案并予以登记的地方性法规和地方政府规章目录按 1987 年国务院批准的行政区划顺序排列；同一行政区域报备两件以上者，按公布时间顺序排列。

四、本汇编每年出版 12 辑，每月出版 1 辑。本辑为 2020 年度第 11 辑，收入 2020 年 10 月份内公布的法律 7 件、行政法规 1 件、国务院文件 6 件、报国务院备案并经审查予以登记编号的部门规章 5 件，补收 2020 年 8 月份内公布的司法解释 1 件，共计 20 件。

五、本汇编在编辑出版过程中，得到了国务院有关部门和有关方面以及广大读者的大力支持和协助，在此谨致谢意。

司法部

2020 年 11 月

目　录

编辑说明 ………………………………………………………… (*1*)

法　律

全国人民代表大会常务委员会关于修改《中华人民共和国专利法》的决定 ………………………………………………… (1)
中华人民共和国专利法 ………………………………………… (7)
中华人民共和国生物安全法 …………………………………… (25)
中华人民共和国未成年人保护法 ……………………………… (45)
中华人民共和国出口管制法 …………………………………… (71)
全国人民代表大会常务委员会关于修改《中华人民共和国国旗法》的决定 ………………………………………… (81)
中华人民共和国国旗法 ………………………………………… (85)
全国人民代表大会常务委员会关于修改《中华人民共和国国徽法》的决定 ………………………………………… (92)
中华人民共和国国徽法 ………………………………………… (95)
全国人民代表大会常务委员会关于修改《中华人民共和国全国人民代表大会和地方各级人民代表大会选举法》的决定 ……………………………………………… (100)
中华人民共和国全国人民代表大会和地方各级人民代表大会选举法 ………………………………………………… (101)

行政法规

国家科学技术奖励条例 …………………………………………… (117)

国务院文件

国务院关于进一步提高上市公司质量的意见 ………………… (124)
国务院办公厅关于印发香港法律执业者和澳门执业律师在粤港澳大湾区内地九市取得内地执业资质和从事律师职业试点办法的通知 ………………………………… (130)
国务院办公厅关于印发新能源汽车产业发展规划（2021—2035 年）的通知 ………………………………… (133)
国务院办公厅关于加强石窟寺保护利用工作的指导意见 … (147)
国务院办公厅关于推进对外贸易创新发展的实施意见 …… (152)
国务院办公厅关于全面推行证明事项和涉企经营许可事项告知承诺制的指导意见 ………………………………… (160)

国务院部门规章

在线旅游经营服务管理暂行规定 ………………………………… (167)
公开募集证券投资基金销售机构监督管理办法 ……………… (174)
银行保险机构应对突发事件金融服务管理办法 ……………… (193)
审计署关于废止部分规章的决定 ………………………………… (202)
国际航空运输价格管理规定 ……………………………………… (203)

司法解释

最高人民法院、司法部关于印发《〈中华人民共和国人民陪审员法〉实施中若干问题的答复》的通知……… (209)
《中华人民共和国人民陪审员法》实施中若干问题的答复 ………………………………………………… (209)

附：

2020 年 10 月份报国务院备案并予以登记的地方性法规、自治条例、单行条例和地方政府规章目录 ………… (214)

法　律

全国人民代表大会常务委员会关于修改《中华人民共和国专利法》的决定

（2020年10月17日第十三届全国人民代表大会常务委员会第二十二次会议通过　2020年10月17日中华人民共和国主席令第55号公布　自2021年6月1日起施行）

第十三届全国人民代表大会常务委员会第二十二次会议决定对《中华人民共和国专利法》作如下修改：

一、将第二条第四款修改为："外观设计，是指对产品的整体或者局部的形状、图案或者其结合以及色彩与形状、图案的结合所作出的富有美感并适于工业应用的新设计。"

二、将第六条第一款修改为："执行本单位的任务或者主要是利用本单位的物质技术条件所完成的发明创造为职务发明创造。职务发明创造申请专利的权利属于该单位，申请被批准后，该单位为专利权人。该单位可以依法处置其职务发明创造申请专利的权利和专利权，促进相关发明创造的实施和运用。"

三、将第十四条改为第四十九条。

四、将第十六条改为第十五条，增加一款，作为第二款："国家鼓励被授予专利权的单位实行产权激励，采取股权、期权、分红等方式，使发明人或者设计人合理分享创新收益。"

五、增加一条,作为第二十条:“申请专利和行使专利权应当遵循诚实信用原则。不得滥用专利权损害公共利益或者他人合法权益。

“滥用专利权,排除或者限制竞争,构成垄断行为的,依照《中华人民共和国反垄断法》处理。”

六、删除第二十一条第一款中的“及其专利复审委员会”。

将第二款修改为:“国务院专利行政部门应当加强专利信息公共服务体系建设,完整、准确、及时发布专利信息,提供专利基础数据,定期出版专利公报,促进专利信息传播与利用。”

七、在第二十四条中增加一项,作为第一项:“(一)在国家出现紧急状态或者非常情况时,为公共利益目的首次公开的”。

八、将第二十五条第一款第五项修改为:“(五)原子核变换方法以及用原子核变换方法获得的物质”。

九、将第二十九条第二款修改为:“申请人自发明或者实用新型在中国第一次提出专利申请之日起十二个月内,或者自外观设计在中国第一次提出专利申请之日起六个月内,又向国务院专利行政部门就相同主题提出专利申请的,可以享有优先权。”

十、将第三十条修改为:“申请人要求发明、实用新型专利优先权的,应当在申请的时候提出书面声明,并且在第一次提出申请之日起十六个月内,提交第一次提出的专利申请文件的副本。

“申请人要求外观设计专利优先权的,应当在申请的时候提出书面声明,并且在三个月内提交第一次提出的专利申请文件的副本。

“申请人未提出书面声明或者逾期未提交专利申请文件副本的,视为未要求优先权。”

十一、将第四十一条修改为:“专利申请人对国务院专利行政部门驳回申请的决定不服的,可以自收到通知之日起三个月内向国务院专利行政部门请求复审。国务院专利行政部门复审后,作出决定,并通知专利申请人。

“专利申请人对国务院专利行政部门的复审决定不服的,可以自收到通知之日起三个月内向人民法院起诉。”

十二、将第四十二条修改为:“发明专利权的期限为二十年,实用新型专利权的期限为十年,外观设计专利权的期限为十五年,均自申请日起计算。

“自发明专利申请日起满四年,且自实质审查请求之日起满三年后授予发明专利权的,国务院专利行政部门应专利权人的请求,就发明专利在授权过程中的不合理延迟给予专利权期限补偿,但由申请人引起的不合理延迟除外。

“为补偿新药上市审评审批占用的时间,对在中国获得上市许可的新药相关发明专利,国务院专利行政部门应专利权人的请求给予专利权期限补偿。补偿期限不超过五年,新药批准上市后总有效专利权期限不超过十四年。”

十三、将第四十五条、第四十六条中的“专利复审委员会”修改为“国务院专利行政部门”。

十四、将第六章的章名修改为“专利实施的特别许可”。

十五、增加一条,作为第四十八条:“国务院专利行政部门、地方人民政府管理专利工作的部门应当会同同级相关部门采取措施,加强专利公共服务,促进专利实施和运用。”

十六、增加一条,作为第五十条:“专利权人自愿以书面方式向国务院专利行政部门声明愿意许可任何单位或者个人实施其专利,并明确许可使用费支付方式、标准的,由国务院专利行政部门予以公告,实行开放许可。就实用新型、外观设计专利提出开放许可声明的,应当提供专利权评价报告。

“专利权人撤回开放许可声明的,应当以书面方式提出,并由国务院专利行政部门予以公告。开放许可声明被公告撤回的,不影响在先给予的开放许可的效力。”

十七、增加一条,作为第五十一条:“任何单位或者个人有意愿实施开放许可的专利的,以书面方式通知专利权人,并依照公告的许可使用费支付方式、标准支付许可使用费后,即获得专利实施许可。

“开放许可实施期间，对专利权人缴纳专利年费相应给予减免。

“实行开放许可的专利权人可以与被许可人就许可使用费进行协商后给予普通许可，但不得就该专利给予独占或者排他许可。”

十八、增加一条，作为第五十二条：“当事人就实施开放许可发生纠纷的，由当事人协商解决；不愿协商或者协商不成的，可以请求国务院专利行政部门进行调解，也可以向人民法院起诉。”

十九、将第六十一条改为第六十六条，将第二款修改为：“专利侵权纠纷涉及实用新型专利或者外观设计专利的，人民法院或者管理专利工作的部门可以要求专利权人或者利害关系人出具由国务院专利行政部门对相关实用新型或者外观设计进行检索、分析和评价后作出的专利权评价报告，作为审理、处理专利侵权纠纷的证据；专利权人、利害关系人或者被控侵权人也可以主动出具专利权评价报告。”

二十、将第六十三条改为第六十八条，修改为：“假冒专利的，除依法承担民事责任外，由负责专利执法的部门责令改正并予公告，没收违法所得，可以处违法所得五倍以下的罚款；没有违法所得或者违法所得在五万元以下的，可以处二十五万元以下的罚款；构成犯罪的，依法追究刑事责任。”

二十一、将第六十四条改为第六十九条，修改为：“负责专利执法的部门根据已经取得的证据，对涉嫌假冒专利行为进行查处时，有权采取下列措施：

“（一）询问有关当事人，调查与涉嫌违法行为有关的情况；

“（二）对当事人涉嫌违法行为的场所实施现场检查；

“（三）查阅、复制与涉嫌违法行为有关的合同、发票、账簿以及其他有关资料；

“（四）检查与涉嫌违法行为有关的产品；

“（五）对有证据证明是假冒专利的产品，可以查封或者扣押。

“管理专利工作的部门应专利权人或者利害关系人的请求处理专利侵权纠纷时，可以采取前款第（一）项、第（二）项、第（四）项所列措施。

“负责专利执法的部门、管理专利工作的部门依法行使前两款规定的职权时，当事人应当予以协助、配合，不得拒绝、阻挠。”

二十二、增加一条，作为第七十条：“国务院专利行政部门可以应专利权人或者利害关系人的请求处理在全国有重大影响的专利侵权纠纷。

“地方人民政府管理专利工作的部门应专利权人或者利害关系人请求处理专利侵权纠纷，对在本行政区域内侵犯其同一专利权的案件可以合并处理；对跨区域侵犯其同一专利权的案件可以请求上级地方人民政府管理专利工作的部门处理。”

二十三、将第六十五条改为第七十一条，修改为：“侵犯专利权的赔偿数额按照权利人因被侵权所受到的实际损失或者侵权人因侵权所获得的利益确定；权利人的损失或者侵权人获得的利益难以确定的，参照该专利许可使用费的倍数合理确定。对故意侵犯专利权，情节严重的，可以在按照上述方法确定数额的一倍以上五倍以下确定赔偿数额。

“权利人的损失、侵权人获得的利益和专利许可使用费均难以确定的，人民法院可以根据专利权的类型、侵权行为的性质和情节等因素，确定给予三万元以上五百万元以下的赔偿。

“赔偿数额还应当包括权利人为制止侵权行为所支付的合理开支。

“人民法院为确定赔偿数额，在权利人已经尽力举证，而与侵权行为相关的账簿、资料主要由侵权人掌握的情况下，可以责令侵权人提供与侵权行为相关的账簿、资料；侵权人不提供或者提供虚假的账簿、资料的，人民法院可以参考权利人的主张和提供的证据判定赔偿数额。”

二十四、将第六十六条改为第七十二条，修改为：“专利权人或者利害关系人有证据证明他人正在实施或者即将实施侵犯专利权、妨碍其实现权利的行为，如不及时制止将会使其合法权益受到难以弥补的损害的，可以在起诉前依法向人民法院申请采取财产保全、责令作出一定行为或者禁止作出一定行为的措施。”

二十五、将第六十七条改为第七十三条，修改为：“为了制止专利侵权行为，在证据可能灭失或者以后难以取得的情况下，专利权人或者利害关系人可以在起诉前依法向人民法院申请保全证据。”

二十六、将第六十八条改为第七十四条，修改为：“侵犯专利权的诉讼时效为三年，自专利权人或者利害关系人知道或者应当知道侵权行为以及侵权人之日起计算。

“发明专利申请公布后至专利权授予前使用该发明未支付适当使用费的，专利权人要求支付使用费的诉讼时效为三年，自专利权人知道或者应当知道他人使用其发明之日起计算，但是，专利权人于专利权授予之日前即已知道或者应当知道的，自专利权授予之日起计算。”

二十七、增加一条，作为第七十六条：“药品上市审评审批过程中，药品上市许可申请人与有关专利权人或者利害关系人，因申请注册的药品相关的专利权产生纠纷的，相关当事人可以向人民法院起诉，请求就申请注册的药品相关技术方案是否落入他人药品专利权保护范围作出判决。国务院药品监督管理部门在规定的期限内，可以根据人民法院生效裁判作出是否暂停批准相关药品上市的决定。

“药品上市许可申请人与有关专利权人或者利害关系人也可以就申请注册的药品相关的专利权纠纷，向国务院专利行政部门请求行政裁决。

“国务院药品监督管理部门会同国务院专利行政部门制定药品上市许可审批与药品上市许可申请阶段专利权纠纷解决的具体衔接办法，报国务院同意后实施。”

二十八、删除第七十二条。

二十九、将第七十三条改为第七十九条，第七十四条改为第八十条，将其中的“行政处分”修改为“处分”。

本决定自2021年6月1日起施行。

《中华人民共和国专利法》根据本决定作相应修改并对条文顺序作相应调整，重新公布。

中华人民共和国专利法

（1984年3月12日第六届全国人民代表大会常务委员会第四次会议通过　根据1992年9月4日第七届全国人民代表大会常务委员会第二十七次会议《关于修改〈中华人民共和国专利法〉的决定》第一次修正　根据2000年8月25日第九届全国人民代表大会常务委员会第十七次会议《关于修改〈中华人民共和国专利法〉的决定》第二次修正　根据2008年12月27日第十一届全国人民代表大会常务委员会第六次会议《关于修改〈中华人民共和国专利法〉的决定》第三次修正　根据2020年10月17日第十三届全国人民代表大会常务委员会第二十二次会议《关于修改〈中华人民共和国专利法〉的决定》第四次修正）

目　录

第一章　总　　则

第二章　授予专利权的条件

第三章　专利的申请

第四章　专利申请的审查和批准

第五章　专利权的期限、终止和无效

第六章　专利实施的特别许可

第七章　专利权的保护
第八章　附　　则

第一章　总　　则

第一条　为了保护专利权人的合法权益，鼓励发明创造，推动发明创造的应用，提高创新能力，促进科学技术进步和经济社会发展，制定本法。

第二条　本法所称的发明创造是指发明、实用新型和外观设计。

发明，是指对产品、方法或者其改进所提出的新的技术方案。

实用新型，是指对产品的形状、构造或者其结合所提出的适于实用的新的技术方案。

外观设计，是指对产品的整体或者局部的形状、图案或者其结合以及色彩与形状、图案的结合所作出的富有美感并适于工业应用的新设计。

第三条　国务院专利行政部门负责管理全国的专利工作；统一受理和审查专利申请，依法授予专利权。

省、自治区、直辖市人民政府管理专利工作的部门负责本行政区域内的专利管理工作。

第四条　申请专利的发明创造涉及国家安全或者重大利益需要保密的，按照国家有关规定办理。

第五条　对违反法律、社会公德或者妨害公共利益的发明创造，不授予专利权。

对违反法律、行政法规的规定获取或者利用遗传资源，并依赖该遗传资源完成的发明创造，不授予专利权。

第六条　执行本单位的任务或者主要是利用本单位的物质技术条件所完成的发明创造为职务发明创造。职务发明创造申请专利的权利属于该单位，申请被批准后，该单位为专利权人。该单位可以依法处置其职务发明创造申请专利的权利和专利权，促进相关发明创造的实施和运用。

非职务发明创造，申请专利的权利属于发明人或者设计人；申请被批准后，该发明人或者设计人为专利权人。

利用本单位的物质技术条件所完成的发明创造，单位与发明人或者设计人订有合同，对申请专利的权利和专利权的归属作出约定的，从其约定。

第七条 对发明人或者设计人的非职务发明创造专利申请，任何单位或者个人不得压制。

第八条 两个以上单位或者个人合作完成的发明创造、一个单位或者个人接受其他单位或者个人委托所完成的发明创造，除另有协议的以外，申请专利的权利属于完成或者共同完成的单位或者个人；申请被批准后，申请的单位或者个人为专利权人。

第九条 同样的发明创造只能授予一项专利权。但是，同一申请人同日对同样的发明创造既申请实用新型专利又申请发明专利，先获得的实用新型专利权尚未终止，且申请人声明放弃该实用新型专利权的，可以授予发明专利权。

两个以上的申请人分别就同样的发明创造申请专利的，专利权授予最先申请的人。

第十条 专利申请权和专利权可以转让。

中国单位或者个人向外国人、外国企业或者外国其他组织转让专利申请权或者专利权的，应当依照有关法律、行政法规的规定办理手续。

转让专利申请权或者专利权的，当事人应当订立书面合同，并向国务院专利行政部门登记，由国务院专利行政部门予以公告。专利申请权或者专利权的转让自登记之日起生效。

第十一条 发明和实用新型专利权被授予后，除本法另有规定的以外，任何单位或者个人未经专利权人许可，都不得实施其专利，即不得为生产经营目的制造、使用、许诺销售、销售、进口其专利产品，或者使用其专利方法以及使用、许诺销售、销售、进口依照该专利方法直接获得的产品。

外观设计专利权被授予后，任何单位或者个人未经专利权人许可，都不得实施其专利，即不得为生产经营目的制造、许诺销售、销售、进口其外观设计专利产品。

第十二条 任何单位或者个人实施他人专利的，应当与专利权人订立实施许可合同，向专利权人支付专利使用费。被许可人无权允许合同规定以外的任何单位或者个人实施该专利。

第十三条 发明专利申请公布后，申请人可以要求实施其发明的单位或者个人支付适当的费用。

第十四条 专利申请权或者专利权的共有人对权利的行使有约定的，从其约定。没有约定的，共有人可以单独实施或者以普通许可方式许可他人实施该专利；许可他人实施该专利的，收取的使用费应当在共有人之间分配。

除前款规定的情形外，行使共有的专利申请权或者专利权应当取得全体共有人的同意。

第十五条 被授予专利权的单位应当对职务发明创造的发明人或者设计人给予奖励；发明创造专利实施后，根据其推广应用的范围和取得的经济效益，对发明人或者设计人给予合理的报酬。

国家鼓励被授予专利权的单位实行产权激励，采取股权、期权、分红等方式，使发明人或者设计人合理分享创新收益。

第十六条 发明人或者设计人有权在专利文件中写明自己是发明人或者设计人。

专利权人有权在其专利产品或者该产品的包装上标明专利标识。

第十七条 在中国没有经常居所或者营业所的外国人、外国企业或者外国其他组织在中国申请专利的，依照其所属国同中国签订的协议或者共同参加的国际条约，或者依照互惠原则，根据本法办理。

第十八条 在中国没有经常居所或者营业所的外国人、外国企业或者外国其他组织在中国申请专利和办理其他专利事务的，应当委托依法设立的专利代理机构办理。

中国单位或者个人在国内申请专利和办理其他专利事务的，可以委托依法设立的专利代理机构办理。

专利代理机构应当遵守法律、行政法规，按照被代理人的委托办理专利申请或者其他专利事务；对被代理人发明创造的内容，除专利申请已经公布或者公告的以外，负有保密责任。专利代理机构的具体管理办法由国务院规定。

第十九条 任何单位或者个人将在中国完成的发明或者实用新型向外国申请专利的，应当事先报经国务院专利行政部门进行保密审查。保密审查的程序、期限等按照国务院的规定执行。

中国单位或者个人可以根据中华人民共和国参加的有关国际条约提出专利国际申请。申请人提出专利国际申请的，应当遵守前款规定。

国务院专利行政部门依照中华人民共和国参加的有关国际条约、本法和国务院有关规定处理专利国际申请。

对违反本条第一款规定向外国申请专利的发明或者实用新型，在中国申请专利的，不授予专利权。

第二十条 申请专利和行使专利权应当遵循诚实信用原则。不得滥用专利权损害公共利益或者他人合法权益。

滥用专利权，排除或者限制竞争，构成垄断行为的，依照《中华人民共和国反垄断法》处理。

第二十一条 国务院专利行政部门应当按照客观、公正、准确、及时的要求，依法处理有关专利的申请和请求。

国务院专利行政部门应当加强专利信息公共服务体系建设，完整、准确、及时发布专利信息，提供专利基础数据，定期出版专利公报，促进专利信息传播与利用。

在专利申请公布或者公告前，国务院专利行政部门的工作人员及有关人员对其内容负有保密责任。

第二章　授予专利权的条件

第二十二条　授予专利权的发明和实用新型，应当具备新颖性、创造性和实用性。

新颖性，是指该发明或者实用新型不属于现有技术；也没有任何单位或者个人就同样的发明或者实用新型在申请日以前向国务院专利行政部门提出过申请，并记载在申请日以后公布的专利申请文件或者公告的专利文件中。

创造性，是指与现有技术相比，该发明具有突出的实质性特点和显著的进步，该实用新型具有实质性特点和进步。

实用性，是指该发明或者实用新型能够制造或者使用，并且能够产生积极效果。

本法所称现有技术，是指申请日以前在国内外为公众所知的技术。

第二十三条　授予专利权的外观设计，应当不属于现有设计；也没有任何单位或者个人就同样的外观设计在申请日以前向国务院专利行政部门提出过申请，并记载在申请日以后公告的专利文件中。

授予专利权的外观设计与现有设计或者现有设计特征的组合相比，应当具有明显区别。

授予专利权的外观设计不得与他人在申请日以前已经取得的合法权利相冲突。

本法所称现有设计，是指申请日以前在国内外为公众所知的设计。

第二十四条　申请专利的发明创造在申请日以前六个月内，有下列情形之一的，不丧失新颖性：

（一）在国家出现紧急状态或者非常情况时，为公共利益目的首次公开的；

（二）在中国政府主办或者承认的国际展览会上首次展出的；

（三）在规定的学术会议或者技术会议上首次发表的；

（四）他人未经申请人同意而泄露其内容的。

第二十五条 对下列各项，不授予专利权：

（一）科学发现；

（二）智力活动的规则和方法；

（三）疾病的诊断和治疗方法；

（四）动物和植物品种；

（五）原子核变换方法以及用原子核变换方法获得的物质；

（六）对平面印刷品的图案、色彩或者二者的结合作出的主要起标识作用的设计。

对前款第（四）项所列产品的生产方法，可以依照本法规定授予专利权。

第三章 专利的申请

第二十六条 申请发明或者实用新型专利的，应当提交请求书、说明书及其摘要和权利要求书等文件。

请求书应当写明发明或者实用新型的名称，发明人的姓名，申请人姓名或者名称、地址，以及其他事项。

说明书应当对发明或者实用新型作出清楚、完整的说明，以所属技术领域的技术人员能够实现为准；必要的时候，应当有附图。摘要应当简要说明发明或者实用新型的技术要点。

权利要求书应当以说明书为依据，清楚、简要地限定要求专利保护的范围。

依赖遗传资源完成的发明创造，申请人应当在专利申请文件中说明该遗传资源的直接来源和原始来源；申请人无法说明原始来源的，应当陈述理由。

第二十七条 申请外观设计专利的，应当提交请求书、该外观设计的图片或者照片以及对该外观设计的简要说明等文件。

申请人提交的有关图片或者照片应当清楚地显示要求专利保护的产品的外观设计。

第二十八条 国务院专利行政部门收到专利申请文件之日为申请日。如果申请文件是邮寄的,以寄出的邮戳日为申请日。

第二十九条 申请人自发明或者实用新型在外国第一次提出专利申请之日起十二个月内,或者自外观设计在外国第一次提出专利申请之日起六个月内,又在中国就相同主题提出专利申请的,依照该外国同中国签订的协议或者共同参加的国际条约,或者依照相互承认优先权的原则,可以享有优先权。

申请人自发明或者实用新型在中国第一次提出专利申请之日起十二个月内,或者自外观设计在中国第一次提出专利申请之日起六个月内,又向国务院专利行政部门就相同主题提出专利申请的,可以享有优先权。

第三十条 申请人要求发明、实用新型专利优先权的,应当在申请的时候提出书面声明,并且在第一次提出申请之日起十六个月内,提交第一次提出的专利申请文件的副本。

申请人要求外观设计专利优先权的,应当在申请的时候提出书面声明,并且在三个月内提交第一次提出的专利申请文件的副本。

申请人未提出书面声明或者逾期未提交专利申请文件副本的,视为未要求优先权。

第三十一条 一件发明或者实用新型专利申请应当限于一项发明或者实用新型。属于一个总的发明构思的两项以上的发明或者实用新型,可以作为一件申请提出。

一件外观设计专利申请应当限于一项外观设计。同一产品两项以上的相似外观设计,或者用于同一类别并且成套出售或者使用的产品的两项以上外观设计,可以作为一件申请提出。

第三十二条 申请人可以在被授予专利权之前随时撤回其专

利申请。

第三十三条 申请人可以对其专利申请文件进行修改，但是，对发明和实用新型专利申请文件的修改不得超出原说明书和权利要求书记载的范围，对外观设计专利申请文件的修改不得超出原图片或者照片表示的范围。

第四章 专利申请的审查和批准

第三十四条 国务院专利行政部门收到发明专利申请后，经初步审查认为符合本法要求的，自申请日起满十八个月，即行公布。国务院专利行政部门可以根据申请人的请求早日公布其申请。

第三十五条 发明专利申请自申请日起三年内，国务院专利行政部门可以根据申请人随时提出的请求，对其申请进行实质审查；申请人无正当理由逾期不请求实质审查的，该申请即被视为撤回。

国务院专利行政部门认为必要的时候，可以自行对发明专利申请进行实质审查。

第三十六条 发明专利的申请人请求实质审查的时候，应当提交在申请日前与其发明有关的参考资料。

发明专利已经在外国提出过申请的，国务院专利行政部门可以要求申请人在指定期限内提交该国为审查其申请进行检索的资料或者审查结果的资料；无正当理由逾期不提交的，该申请即被视为撤回。

第三十七条 国务院专利行政部门对发明专利申请进行实质审查后，认为不符合本法规定的，应当通知申请人，要求其在指定的期限内陈述意见，或者对其申请进行修改；无正当理由逾期不答复的，该申请即被视为撤回。

第三十八条 发明专利申请经申请人陈述意见或者进行修改

后，国务院专利行政部门仍然认为不符合本法规定的，应当予以驳回。

第三十九条 发明专利申请经实质审查没有发现驳回理由的，由国务院专利行政部门作出授予发明专利权的决定，发给发明专利证书，同时予以登记和公告。发明专利权自公告之日起生效。

第四十条 实用新型和外观设计专利申请经初步审查没有发现驳回理由的，由国务院专利行政部门作出授予实用新型专利权或者外观设计专利权的决定，发给相应的专利证书，同时予以登记和公告。实用新型专利权和外观设计专利权自公告之日起生效。

第四十一条 专利申请人对国务院专利行政部门驳回申请的决定不服的，可以自收到通知之日起三个月内向国务院专利行政部门请求复审。国务院专利行政部门复审后，作出决定，并通知专利申请人。

专利申请人对国务院专利行政部门的复审决定不服的，可以自收到通知之日起三个月内向人民法院起诉。

第五章　专利权的期限、终止和无效

第四十二条 发明专利权的期限为二十年，实用新型专利权的期限为十年，外观设计专利权的期限为十五年，均自申请日起计算。

自发明专利申请日起满四年，且自实质审查请求之日起满三年后授予发明专利权的，国务院专利行政部门应专利权人的请求，就发明专利在授权过程中的不合理延迟给予专利权期限补偿，但由申请人引起的不合理延迟除外。

为补偿新药上市审评审批占用的时间，对在中国获得上市许可的新药相关发明专利，国务院专利行政部门应专利权人的请求给予专利权期限补偿。补偿期限不超过五年，新药批准上市后总有效专利权期限不超过十四年。

第四十三条 专利权人应当自被授予专利权的当年开始缴纳年费。

第四十四条 有下列情形之一的,专利权在期限届满前终止:

(一)没有按照规定缴纳年费的;

(二)专利权人以书面声明放弃其专利权的。

专利权在期限届满前终止的,由国务院专利行政部门登记和公告。

第四十五条 自国务院专利行政部门公告授予专利权之日起,任何单位或者个人认为该专利权的授予不符合本法有关规定的,可以请求国务院专利行政部门宣告该专利权无效。

第四十六条 国务院专利行政部门对宣告专利权无效的请求应当及时审查和作出决定,并通知请求人和专利权人。宣告专利权无效的决定,由国务院专利行政部门登记和公告。

对国务院专利行政部门宣告专利权无效或者维持专利权的决定不服的,可以自收到通知之日起三个月内向人民法院起诉。人民法院应当通知无效宣告请求程序的对方当事人作为第三人参加诉讼。

第四十七条 宣告无效的专利权视为自始即不存在。

宣告专利权无效的决定,对在宣告专利权无效前人民法院作出并已执行的专利侵权的判决、调解书,已经履行或者强制执行的专利侵权纠纷处理决定,以及已经履行的专利实施许可合同和专利权转让合同,不具有追溯力。但是因专利权人的恶意给他人造成的损失,应当给予赔偿。

依照前款规定不返还专利侵权赔偿金、专利使用费、专利权转让费,明显违反公平原则的,应当全部或者部分返还。

第六章 专利实施的特别许可

第四十八条 国务院专利行政部门、地方人民政府管理专利工作的部门应当会同同级相关部门采取措施,加强专利公共服务,促进专利实施和运用。

第四十九条 国有企业事业单位的发明专利,对国家利益或者公共利益具有重大意义的,国务院有关主管部门和省、自治区、直辖市人民政府报经国务院批准,可以决定在批准的范围内推广应用,允许指定的单位实施,由实施单位按照国家规定向专利权人支付使用费。

第五十条 专利权人自愿以书面方式向国务院专利行政部门声明愿意许可任何单位或者个人实施其专利,并明确许可使用费支付方式、标准的,由国务院专利行政部门予以公告,实行开放许可。就实用新型、外观设计专利提出开放许可声明的,应当提供专利权评价报告。

专利权人撤回开放许可声明的,应当以书面方式提出,并由国务院专利行政部门予以公告。开放许可声明被公告撤回的,不影响在先给予的开放许可的效力。

第五十一条 任何单位或者个人有意愿实施开放许可的专利的,以书面方式通知专利权人,并依照公告的许可使用费支付方式、标准支付许可使用费后,即获得专利实施许可。

开放许可实施期间,对专利权人缴纳专利年费相应给予减免。

实行开放许可的专利权人可以与被许可人就许可使用费进行协商后给予普通许可,但不得就该专利给予独占或者排他许可。

第五十二条 当事人就实施开放许可发生纠纷的,由当事人协商解决;不愿协商或者协商不成的,可以请求国务院专利行政部门进行调解,也可以向人民法院起诉。

第五十三条 有下列情形之一的,国务院专利行政部门根据具备实施条件的单位或者个人的申请,可以给予实施发明专利或者实用新型专利的强制许可:

(一)专利权人自专利权被授予之日起满三年,且自提出专利申请之日起满四年,无正当理由未实施或者未充分实施其专利的;

（二）专利权人行使专利权的行为被依法认定为垄断行为，为消除或者减少该行为对竞争产生的不利影响的。

第五十四条 在国家出现紧急状态或者非常情况时，或者为了公共利益的目的，国务院专利行政部门可以给予实施发明专利或者实用新型专利的强制许可。

第五十五条 为了公共健康目的，对取得专利权的药品，国务院专利行政部门可以给予制造并将其出口到符合中华人民共和国参加的有关国际条约规定的国家或者地区的强制许可。

第五十六条 一项取得专利权的发明或者实用新型比前已经取得专利权的发明或者实用新型具有显著经济意义的重大技术进步，其实施又有赖于前一发明或者实用新型的实施的，国务院专利行政部门根据后一专利权人的申请，可以给予实施前一发明或者实用新型的强制许可。

在依照前款规定给予实施强制许可的情形下，国务院专利行政部门根据前一专利权人的申请，也可以给予实施后一发明或者实用新型的强制许可。

第五十七条 强制许可涉及的发明创造为半导体技术的，其实施限于公共利益的目的和本法第五十三条第（二）项规定的情形。

第五十八条 除依照本法第五十三条第（二）项、第五十五条规定给予的强制许可外，强制许可的实施应当主要为了供应国内市场。

第五十九条 依照本法第五十三条第（一）项、第五十六条规定申请强制许可的单位或者个人应当提供证据，证明其以合理的条件请求专利权人许可其实施专利，但未能在合理的时间内获得许可。

第六十条 国务院专利行政部门作出的给予实施强制许可的决定，应当及时通知专利权人，并予以登记和公告。

给予实施强制许可的决定，应当根据强制许可的理由规定实施的范围和时间。强制许可的理由消除并不再发生时，国务院专利行政部门应当根据专利权人的请求，经审查后作出终止实施强制许可的决定。

第六十一条 取得实施强制许可的单位或者个人不享有独占的实施权，并且无权允许他人实施。

第六十二条 取得实施强制许可的单位或者个人应当付给专利权人合理的使用费，或者依照中华人民共和国参加的有关国际条约的规定处理使用费问题。付给使用费的，其数额由双方协商；双方不能达成协议的，由国务院专利行政部门裁决。

第六十三条 专利权人对国务院专利行政部门关于实施强制许可的决定不服的，专利权人和取得实施强制许可的单位或者个人对国务院专利行政部门关于实施强制许可的使用费的裁决不服的，可以自收到通知之日起三个月内向人民法院起诉。

第七章 专利权的保护

第六十四条 发明或者实用新型专利权的保护范围以其权利要求的内容为准，说明书及附图可以用于解释权利要求的内容。

外观设计专利权的保护范围以表示在图片或者照片中的该产品的外观设计为准，简要说明可以用于解释图片或者照片所表示的该产品的外观设计。

第六十五条 未经专利权人许可，实施其专利，即侵犯其专利权，引起纠纷的，由当事人协商解决；不愿协商或者协商不成的，专利权人或者利害关系人可以向人民法院起诉，也可以请求管理专利工作的部门处理。管理专利工作的部门处理时，认定侵权行为成立的，可以责令侵权人立即停止侵权行为，当事人不服的，可以自收到处理通知之日起十五日内依照《中华人民共和国行政诉讼法》向人民法院起诉；侵权人期满不起诉又不停止侵权行为的，管理专利工作的部门可以申请人民法院强制执行。进行处理的管理专利工作的部门应当事人的请求，可以就侵犯专利权的赔偿数额进行调解；调解不成的，当事人可以依照《中华人民共和国民事诉讼法》向人民法院起诉。

第六十六条 专利侵权纠纷涉及新产品制造方法的发明专利的，制造同样产品的单位或者个人应当提供其产品制造方法不同于专利方法的证明。

专利侵权纠纷涉及实用新型专利或者外观设计专利的，人民法院或者管理专利工作的部门可以要求专利权人或者利害关系人出具由国务院专利行政部门对相关实用新型或者外观设计进行检索、分析和评价后作出的专利权评价报告，作为审理、处理专利侵权纠纷的证据；专利权人、利害关系人或者被控侵权人也可以主动出具专利权评价报告。

第六十七条 在专利侵权纠纷中，被控侵权人有证据证明其实施的技术或者设计属于现有技术或者现有设计的，不构成侵犯专利权。

第六十八条 假冒专利的，除依法承担民事责任外，由负责专利执法的部门责令改正并予公告，没收违法所得，可以处违法所得五倍以下的罚款；没有违法所得或者违法所得在五万元以下的，可以处二十五万元以下的罚款；构成犯罪的，依法追究刑事责任。

第六十九条 负责专利执法的部门根据已经取得的证据，对涉嫌假冒专利行为进行查处时，有权采取下列措施：

（一）询问有关当事人，调查与涉嫌违法行为有关的情况；

（二）对当事人涉嫌违法行为的场所实施现场检查；

（三）查阅、复制与涉嫌违法行为有关的合同、发票、账簿以及其他有关资料；

（四）检查与涉嫌违法行为有关的产品；

（五）对有证据证明是假冒专利的产品，可以查封或者扣押。

管理专利工作的部门应专利权人或者利害关系人的请求处理专利侵权纠纷时，可以采取前款第（一）项、第（二）项、第（四）项所列措施。

负责专利执法的部门、管理专利工作的部门依法行使前两款规定的职权时，当事人应当予以协助、配合，不得拒绝、阻挠。

第七十条 国务院专利行政部门可以应专利权人或者利害关系人的请求处理在全国有重大影响的专利侵权纠纷。

地方人民政府管理专利工作的部门应专利权人或者利害关系人请求处理专利侵权纠纷，对在本行政区域内侵犯其同一专利权的案件可以合并处理；对跨区域侵犯其同一专利权的案件可以请求上级地方人民政府管理专利工作的部门处理。

第七十一条 侵犯专利权的赔偿数额按照权利人因被侵权所受到的实际损失或者侵权人因侵权所获得的利益确定；权利人的损失或者侵权人获得的利益难以确定的，参照该专利许可使用费的倍数合理确定。对故意侵犯专利权，情节严重的，可以在按照上述方法确定数额的一倍以上五倍以下确定赔偿数额。

权利人的损失、侵权人获得的利益和专利许可使用费均难以确定的，人民法院可以根据专利权的类型、侵权行为的性质和情节等因素，确定给予三万元以上五百万元以下的赔偿。

赔偿数额还应当包括权利人为制止侵权行为所支付的合理开支。

人民法院为确定赔偿数额，在权利人已经尽力举证，而与侵权行为相关的账簿、资料主要由侵权人掌握的情况下，可以责令侵权人提供与侵权行为相关的账簿、资料；侵权人不提供或者提供虚假的账簿、资料的，人民法院可以参考权利人的主张和提供的证据判定赔偿数额。

第七十二条 专利权人或者利害关系人有证据证明他人正在实施或者即将实施侵犯专利权、妨碍其实现权利的行为，如不及时制止将会使其合法权益受到难以弥补的损害的，可以在起诉前依法向人民法院申请采取财产保全、责令作出一定行为或者禁止作出一定行为的措施。

第七十三条 为了制止专利侵权行为,在证据可能灭失或者以后难以取得的情况下,专利权人或者利害关系人可以在起诉前依法向人民法院申请保全证据。

第七十四条 侵犯专利权的诉讼时效为三年,自专利权人或者利害关系人知道或者应当知道侵权行为以及侵权人之日起计算。

发明专利申请公布后至专利权授予前使用该发明未支付适当使用费的,专利权人要求支付使用费的诉讼时效为三年,自专利权人知道或者应当知道他人使用其发明之日起计算,但是,专利权人于专利权授予之日前即已知道或者应当知道的,自专利权授予之日起计算。

第七十五条 有下列情形之一的,不视为侵犯专利权:

(一)专利产品或者依照专利方法直接获得的产品,由专利权人或者经其许可的单位、个人售出后,使用、许诺销售、销售、进口该产品的;

(二)在专利申请日前已经制造相同产品、使用相同方法或者已经作好制造、使用的必要准备,并且仅在原有范围内继续制造、使用的;

(三)临时通过中国领陆、领水、领空的外国运输工具,依照其所属国同中国签订的协议或者共同参加的国际条约,或者依照互惠原则,为运输工具自身需要而在其装置和设备中使用有关专利的;

(四)专为科学研究和实验而使用有关专利的;

(五)为提供行政审批所需要的信息,制造、使用、进口专利药品或者专利医疗器械的,以及专门为其制造、进口专利药品或者专利医疗器械的。

第七十六条 药品上市审评审批过程中,药品上市许可申请人与有关专利权人或者利害关系人,因申请注册的药品相关的专利权产生纠纷的,相关当事人可以向人民法院起诉,请求就申请注册的药品相关技术方案是否落入他人药品专利权保护范围作出判决。国务院药品监督管理部门在规定的期限内，可以根据人民法院生效裁判作出是否暂停批准相关药品上市的决定。

药品上市许可申请人与有关专利权人或者利害关系人也可以就申请注册的药品相关的专利权纠纷，向国务院专利行政部门请求行政裁决。

国务院药品监督管理部门会同国务院专利行政部门制定药品上市许可审批与药品上市许可申请阶段专利权纠纷解决的具体衔接办法，报国务院同意后实施。

第七十七条 为生产经营目的使用、许诺销售或者销售不知道是未经专利权人许可而制造并售出的专利侵权产品，能证明该产品合法来源的，不承担赔偿责任。

第七十八条 违反本法第十九条规定向外国申请专利，泄露国家秘密的，由所在单位或者上级主管机关给予行政处分；构成犯罪的，依法追究刑事责任。

第七十九条 管理专利工作的部门不得参与向社会推荐专利产品等经营活动。

管理专利工作的部门违反前款规定的，由其上级机关或者监察机关责令改正，消除影响，有违法收入的予以没收；情节严重的，对直接负责的主管人员和其他直接责任人员依法给予处分。

第八十条 从事专利管理工作的国家机关工作人员以及其他有关国家机关工作人员玩忽职守、滥用职权、徇私舞弊，构成犯罪的，依法追究刑事责任；尚不构成犯罪的，依法给予处分。

第八章　附　　则

第八十一条 向国务院专利行政部门申请专利和办理其他手续，应当按照规定缴纳费用。

第八十二条 本法自 1985 年 4 月 1 日起施行。

中华人民共和国生物安全法

（2020年10月17日第十三届全国人民代表大会常务委员会第二十二次会议通过　2020年10月17日中华人民共和国主席令第56号公布　自2021年4月15日起施行）

目　　录

第一章　总　　则
第二章　生物安全风险防控体制
第三章　防控重大新发突发传染病、动植物疫情
第四章　生物技术研究、开发与应用安全
第五章　病原微生物实验室生物安全
第六章　人类遗传资源与生物资源安全
第七章　防范生物恐怖与生物武器威胁
第八章　生物安全能力建设
第九章　法律责任
第十章　附　　则

第一章　总　　则

第一条　为了维护国家安全，防范和应对生物安全风险，保障人民生命健康，保护生物资源和生态环境，促进生物技术健康发展，推动构建人类命运共同体，实现人与自然和谐共生，制定本法。

第二条　本法所称生物安全，是指国家有效防范和应对危险生物因子及相关因素威胁，生物技术能够稳定健康发展，人民生命健康和生态系统相对处于没有危险和不受威胁的状态，生物领域

具备维护国家安全和持续发展的能力。

从事下列活动,适用本法:

(一)防控重大新发突发传染病、动植物疫情;

(二)生物技术研究、开发与应用;

(三)病原微生物实验室生物安全管理;

(四)人类遗传资源与生物资源安全管理;

(五)防范外来物种入侵与保护生物多样性;

(六)应对微生物耐药;

(七)防范生物恐怖袭击与防御生物武器威胁;

(八)其他与生物安全相关的活动。

第三条 生物安全是国家安全的重要组成部分。维护生物安全应当贯彻总体国家安全观,统筹发展和安全,坚持以人为本、风险预防、分类管理、协同配合的原则。

第四条 坚持中国共产党对国家生物安全工作的领导,建立健全国家生物安全领导体制,加强国家生物安全风险防控和治理体系建设,提高国家生物安全治理能力。

第五条 国家鼓励生物科技创新,加强生物安全基础设施和生物科技人才队伍建设,支持生物产业发展,以创新驱动提升生物科技水平,增强生物安全保障能力。

第六条 国家加强生物安全领域的国际合作,履行中华人民共和国缔结或者参加的国际条约规定的义务,支持参与生物科技交流合作与生物安全事件国际救援,积极参与生物安全国际规则的研究与制定,推动完善全球生物安全治理。

第七条 各级人民政府及其有关部门应当加强生物安全法律法规和生物安全知识宣传普及工作,引导基层群众性自治组织、社会组织开展生物安全法律法规和生物安全知识宣传,促进全社会生物安全意识的提升。

相关科研院校、医疗机构以及其他企业事业单位应当将生物安全法律法规和生物安全知识纳入教育培训内容,加强学生、从业人员生物安全意识和伦理意识的培养。

新闻媒体应当开展生物安全法律法规和生物安全知识公益宣传,对生物安全违法行为进行舆论监督,增强公众维护生物安全的社会责任意识。

第八条 任何单位和个人不得危害生物安全。

任何单位和个人有权举报危害生物安全的行为;接到举报的部门应当及时依法处理。

第九条 对在生物安全工作中做出突出贡献的单位和个人,县级以上人民政府及其有关部门按照国家规定予以表彰和奖励。

第二章 生物安全风险防控体制

第十条 中央国家安全领导机构负责国家生物安全工作的决策和议事协调,研究制定、指导实施国家生物安全战略和有关重大方针政策,统筹协调国家生物安全的重大事项和重要工作,建立国家生物安全工作协调机制。

省、自治区、直辖市建立生物安全工作协调机制,组织协调、督促推进本行政区域内生物安全相关工作。

第十一条 国家生物安全工作协调机制由国务院卫生健康、农业农村、科学技术、外交等主管部门和有关军事机关组成,分析研判国家生物安全形势,组织协调、督促推进国家生物安全相关工作。国家生物安全工作协调机制设立办公室,负责协调机制的日常工作。

国家生物安全工作协调机制成员单位和国务院其他有关部门根据职责分工,负责生物安全相关工作。

第十二条 国家生物安全工作协调机制设立专家委员会,为国家生物安全战略研究、政策制定及实施提供决策咨询。

国务院有关部门组织建立相关领域、行业的生物安全技术咨询专家委员会,为生物安全工作提供咨询、评估、论证等技术支撑。

第十三条 地方各级人民政府对本行政区域内生物安全工作负责。

县级以上地方人民政府有关部门根据职责分工，负责生物安全相关工作。

基层群众性自治组织应当协助地方人民政府以及有关部门做好生物安全风险防控、应急处置和宣传教育等工作。

有关单位和个人应当配合做好生物安全风险防控和应急处置等工作。

第十四条 国家建立生物安全风险监测预警制度。国家生物安全工作协调机制组织建立国家生物安全风险监测预警体系，提高生物安全风险识别和分析能力。

第十五条 国家建立生物安全风险调查评估制度。国家生物安全工作协调机制应当根据风险监测的数据、资料等信息，定期组织开展生物安全风险调查评估。

有下列情形之一的，有关部门应当及时开展生物安全风险调查评估，依法采取必要的风险防控措施：

（一）通过风险监测或者接到举报发现可能存在生物安全风险；

（二）为确定监督管理的重点领域、重点项目，制定、调整生物安全相关名录或者清单；

（三）发生重大新发突发传染病、动植物疫情等危害生物安全的事件；

（四）需要调查评估的其他情形。

第十六条 国家建立生物安全信息共享制度。国家生物安全工作协调机制组织建立统一的国家生物安全信息平台，有关部门应当将生物安全数据、资料等信息汇交国家生物安全信息平台，实现信息共享。

第十七条 国家建立生物安全信息发布制度。国家生物安全总体情况、重大生物安全风险警示信息、重大生物安全事件及其调查处理信息等重大生物安全信息，由国家生物安全工作协调机制成员单位根据职责分工发布；其他生物安全信息由国务院有关部门和县级以上地方人民政府及其有关部门根据职责权限发布。

任何单位和个人不得编造、散布虚假的生物安全信息。

第十八条 国家建立生物安全名录和清单制度。国务院及其有关部门根据生物安全工作需要，对涉及生物安全的材料、设备、技术、活动、重要生物资源数据、传染病、动植物疫病、外来入侵物种等制定、公布名录或者清单，并动态调整。

第十九条 国家建立生物安全标准制度。国务院标准化主管部门和国务院其他有关部门根据职责分工，制定和完善生物安全领域相关标准。

国家生物安全工作协调机制组织有关部门加强不同领域生物安全标准的协调和衔接，建立和完善生物安全标准体系。

第二十条 国家建立生物安全审查制度。对影响或者可能影响国家安全的生物领域重大事项和活动，由国务院有关部门进行生物安全审查，有效防范和化解生物安全风险。

第二十一条 国家建立统一领导、协同联动、有序高效的生物安全应急制度。

国务院有关部门应当组织制定相关领域、行业生物安全事件应急预案，根据应急预案和统一部署开展应急演练、应急处置、应急救援和事后恢复等工作。

县级以上地方人民政府及其有关部门应当制定并组织、指导和督促相关企业事业单位制定生物安全事件应急预案，加强应急准备、人员培训和应急演练，开展生物安全事件应急处置、应急救援和事后恢复等工作。

中国人民解放军、中国人民武装警察部队按照中央军事委员会的命令，依法参加生物安全事件应急处置和应急救援工作。

第二十二条 国家建立生物安全事件调查溯源制度。发生重大新发突发传染病、动植物疫情和不明原因的生物安全事件，国家生物安全工作协调机制应当组织开展调查溯源，确定事件性质，全面评估事件影响，提出意见建议。

第二十三条 国家建立首次进境或者暂停后恢复进境的动植物、动植物产品、高风险生物因子国家准入制度。

进出境的人员、运输工具、集装箱、货物、物品、包装物和国际航行船舶压舱水排放等应当符合我国生物安全管理要求。

海关对发现的进出境和过境生物安全风险，应当依法处置。经评估为生物安全高风险的人员、运输工具、货物、物品等，应当从指定的国境口岸进境，并采取严格的风险防控措施。

第二十四条 国家建立境外重大生物安全事件应对制度。境外发生重大生物安全事件的，海关依法采取生物安全紧急防控措施，加强证件核验，提高查验比例，暂停相关人员、运输工具、货物、物品等进境。必要时经国务院同意，可以采取暂时关闭有关口岸、封锁有关国境等措施。

第二十五条 县级以上人民政府有关部门应当依法开展生物安全监督检查工作，被检查单位和个人应当配合，如实说明情况，提供资料，不得拒绝、阻挠。

涉及专业技术要求较高、执法业务难度较大的监督检查工作，应当有生物安全专业技术人员参加。

第二十六条 县级以上人民政府有关部门实施生物安全监督检查，可以依法采取下列措施：

（一）进入被检查单位、地点或者涉嫌实施生物安全违法行为的场所进行现场监测、勘查、检查或者核查；

（二）向有关单位和个人了解情况；

（三）查阅、复制有关文件、资料、档案、记录、凭证等；

（四）查封涉嫌实施生物安全违法行为的场所、设施；

（五）扣押涉嫌实施生物安全违法行为的工具、设备以及相关物品；

（六）法律法规规定的其他措施。

有关单位和个人的生物安全违法信息应当依法纳入全国信用信息共享平台。

第三章　防控重大新发突发传染病、动植物疫情

第二十七条　国务院卫生健康、农业农村、林业草原、海关、生态环境主管部门应当建立新发突发传染病、动植物疫情、进出境检疫、生物技术环境安全监测网络，组织监测站点布局、建设，完善监测信息报告系统，开展主动监测和病原检测，并纳入国家生物安全风险监测预警体系。

第二十八条　疾病预防控制机构、动物疫病预防控制机构、植物病虫害预防控制机构（以下统称专业机构）应当对传染病、动植物疫病和列入监测范围的不明原因疾病开展主动监测，收集、分析、报告监测信息，预测新发突发传染病、动植物疫病的发生、流行趋势。

国务院有关部门、县级以上地方人民政府及其有关部门应当根据预测和职责权限及时发布预警，并采取相应的防控措施。

第二十九条　任何单位和个人发现传染病、动植物疫病的，应当及时向医疗机构、有关专业机构或者部门报告。

医疗机构、专业机构及其工作人员发现传染病、动植物疫病或者不明原因的聚集性疾病的，应当及时报告，并采取保护性措施。

依法应当报告的，任何单位和个人不得瞒报、谎报、缓报、漏报，不得授意他人瞒报、谎报、缓报，不得阻碍他人报告。

第三十条　国家建立重大新发突发传染病、动植物疫情联防联控机制。

发生重大新发突发传染病、动植物疫情，应当依照有关法律法规和应急预案的规定及时采取控制措施；国务院卫生健康、农业农村、林业草原主管部门应当立即组织疫情会商研判，将会商研判结论向中央国家安全领导机构和国务院报告，并通报国家生物安全

工作协调机制其他成员单位和国务院其他有关部门。

发生重大新发突发传染病、动植物疫情，地方各级人民政府统一履行本行政区域内疫情防控职责，加强组织领导，开展群防群控、医疗救治，动员和鼓励社会力量依法有序参与疫情防控工作。

第三十一条 国家加强国境、口岸传染病和动植物疫情联合防控能力建设，建立传染病、动植物疫情防控国际合作网络，尽早发现、控制重大新发突发传染病、动植物疫情。

第三十二条 国家保护野生动物，加强动物防疫，防止动物源性传染病传播。

第三十三条 国家加强对抗生素药物等抗微生物药物使用和残留的管理，支持应对微生物耐药的基础研究和科技攻关。

县级以上人民政府卫生健康主管部门应当加强对医疗机构合理用药的指导和监督，采取措施防止抗微生物药物的不合理使用。县级以上人民政府农业农村、林业草原主管部门应当加强对农业生产中合理用药的指导和监督，采取措施防止抗微生物药物的不合理使用，降低在农业生产环境中的残留。

国务院卫生健康、农业农村、林业草原、生态环境等主管部门和药品监督管理部门应当根据职责分工，评估抗微生物药物残留对人体健康、环境的危害，建立抗微生物药物污染物指标评价体系。

第四章 生物技术研究、开发与应用安全

第三十四条 国家加强对生物技术研究、开发与应用活动的安全管理，禁止从事危及公众健康、损害生物资源、破坏生态系统和生物多样性等危害生物安全的生物技术研究、开发与应用活动。

从事生物技术研究、开发与应用活动，应当符合伦理原则。

第三十五条 从事生物技术研究、开发与应用活动的单位应当对本单位生物技术研究、开发与应用的安全负责，采取生物安全

风险防控措施,制定生物安全培训、跟踪检查、定期报告等工作制度,强化过程管理。

第三十六条 国家对生物技术研究、开发活动实行分类管理。根据对公众健康、工业农业、生态环境等造成危害的风险程度,将生物技术研究、开发活动分为高风险、中风险、低风险三类。

生物技术研究、开发活动风险分类标准及名录由国务院科学技术、卫生健康、农业农村等主管部门根据职责分工,会同国务院其他有关部门制定、调整并公布。

第三十七条 从事生物技术研究、开发活动,应当遵守国家生物技术研究开发安全管理规范。

从事生物技术研究、开发活动,应当进行风险类别判断,密切关注风险变化,及时采取应对措施。

第三十八条 从事高风险、中风险生物技术研究、开发活动,应当由在我国境内依法成立的法人组织进行,并依法取得批准或者进行备案。

从事高风险、中风险生物技术研究、开发活动,应当进行风险评估,制定风险防控计划和生物安全事件应急预案,降低研究、开发活动实施的风险。

第三十九条 国家对涉及生物安全的重要设备和特殊生物因子实行追溯管理。购买或者引进列入管控清单的重要设备和特殊生物因子,应当进行登记,确保可追溯,并报国务院有关部门备案。

个人不得购买或者持有列入管控清单的重要设备和特殊生物因子。

第四十条 从事生物医学新技术临床研究,应当通过伦理审查,并在具备相应条件的医疗机构内进行;进行人体临床研究操作的,应当由符合相应条件的卫生专业技术人员执行。

第四十一条 国务院有关部门依法对生物技术应用活动进行跟踪评估,发现存在生物安全风险的,应当及时采取有效补救和管控措施。

第五章　病原微生物实验室生物安全

第四十二条　国家加强对病原微生物实验室生物安全的管理,制定统一的实验室生物安全标准。病原微生物实验室应当符合生物安全国家标准和要求。

从事病原微生物实验活动,应当严格遵守有关国家标准和实验室技术规范、操作规程,采取安全防范措施。

第四十三条　国家根据病原微生物的传染性、感染后对人和动物的个体或者群体的危害程度,对病原微生物实行分类管理。

从事高致病性或者疑似高致病性病原微生物样本采集、保藏、运输活动,应当具备相应条件,符合生物安全管理规范。具体办法由国务院卫生健康、农业农村主管部门制定。

第四十四条　设立病原微生物实验室,应当依法取得批准或者进行备案。

个人不得设立病原微生物实验室或者从事病原微生物实验活动。

第四十五条　国家根据对病原微生物的生物安全防护水平,对病原微生物实验室实行分等级管理。

从事病原微生物实验活动应当在相应等级的实验室进行。低等级病原微生物实验室不得从事国家病原微生物目录规定应当在高等级病原微生物实验室进行的病原微生物实验活动。

第四十六条　高等级病原微生物实验室从事高致病性或者疑似高致病性病原微生物实验活动,应当经省级以上人民政府卫生健康或者农业农村主管部门批准,并将实验活动情况向批准部门报告。

对我国尚未发现或者已经宣布消灭的病原微生物,未经批准不得从事相关实验活动。

第四十七条　病原微生物实验室应当采取措施,加强对实验动物的管理,防止实验动物逃逸,对使用后的实验动物按照国家规定进行无害化处理,实现实验动物可追溯。禁止将使用后的实验动物流入市场。

病原微生物实验室应当加强对实验活动废弃物的管理,依法对废水、废气以及其他废弃物进行处置,采取措施防止污染。

第四十八条　病原微生物实验室的设立单位负责实验室的生物安全管理,制定科学、严格的管理制度,定期对有关生物安全规定的落实情况进行检查,对实验室设施、设备、材料等进行检查、维护和更新,确保其符合国家标准。

病原微生物实验室设立单位的法定代表人和实验室负责人对实验室的生物安全负责。

第四十九条　病原微生物实验室的设立单位应当建立和完善安全保卫制度,采取安全保卫措施,保障实验室及其病原微生物的安全。

国家加强对高等级病原微生物实验室的安全保卫。高等级病原微生物实验室应当接受公安机关等部门有关实验室安全保卫工作的监督指导,严防高致病性病原微生物泄漏、丢失和被盗、被抢。

国家建立高等级病原微生物实验室人员进入审核制度。进入高等级病原微生物实验室的人员应当经实验室负责人批准。对可能影响实验室生物安全的,不予批准;对批准进入的,应当采取安全保障措施。

第五十条　病原微生物实验室的设立单位应当制定生物安全事件应急预案,定期组织开展人员培训和应急演练。发生高致病性病原微生物泄漏、丢失和被盗、被抢或者其他生物安全风险的,应当按照应急预案的规定及时采取控制措施,并按照国家规定报告。

第五十一条　病原微生物实验室所在地省级人民政府及其卫生健康主管部门应当加强实验室所在地感染性疾病医疗资源配置,提高感染性疾病医疗救治能力。

第五十二条 企业对涉及病原微生物操作的生产车间的生物安全管理，依照有关病原微生物实验室的规定和其他生物安全管理规范进行。

涉及生物毒素、植物有害生物及其他生物因子操作的生物安全实验室的建设和管理，参照有关病原微生物实验室的规定执行。

第六章 人类遗传资源与生物资源安全

第五十三条 国家加强对我国人类遗传资源和生物资源采集、保藏、利用、对外提供等活动的管理和监督，保障人类遗传资源和生物资源安全。

国家对我国人类遗传资源和生物资源享有主权。

第五十四条 国家开展人类遗传资源和生物资源调查。

国务院科学技术主管部门组织开展我国人类遗传资源调查，制定重要遗传家系和特定地区人类遗传资源申报登记办法。

国务院科学技术、自然资源、生态环境、卫生健康、农业农村、林业草原、中医药主管部门根据职责分工，组织开展生物资源调查，制定重要生物资源申报登记办法。

第五十五条 采集、保藏、利用、对外提供我国人类遗传资源，应当符合伦理原则，不得危害公众健康、国家安全和社会公共利益。

第五十六条 从事下列活动，应当经国务院科学技术主管部门批准：

（一）采集我国重要遗传家系、特定地区人类遗传资源或者采集国务院科学技术主管部门规定的种类、数量的人类遗传资源；

（二）保藏我国人类遗传资源；

（三）利用我国人类遗传资源开展国际科学研究合作；

（四）将我国人类遗传资源材料运送、邮寄、携带出境。

前款规定不包括以临床诊疗、采供血服务、查处违法犯罪、兴奋剂检测和殡葬等为目的采集、保藏人类遗传资源及开展的相关活动。

为了取得相关药品和医疗器械在我国上市许可，在临床试验机构利用我国人类遗传资源开展国际合作临床试验、不涉及人类遗传资源出境的，不需要批准；但是，在开展临床试验前应当将拟使用的人类遗传资源种类、数量及用途向国务院科学技术主管部门备案。

境外组织、个人及其设立或者实际控制的机构不得在我国境内采集、保藏我国人类遗传资源，不得向境外提供我国人类遗传资源。

第五十七条 将我国人类遗传资源信息向境外组织、个人及其设立或者实际控制的机构提供或者开放使用的，应当向国务院科学技术主管部门事先报告并提交信息备份。

第五十八条 采集、保藏、利用、运输出境我国珍贵、濒危、特有物种及其可用于再生或者繁殖传代的个体、器官、组织、细胞、基因等遗传资源，应当遵守有关法律法规。

境外组织、个人及其设立或者实际控制的机构获取和利用我国生物资源，应当依法取得批准。

第五十九条 利用我国生物资源开展国际科学研究合作，应当依法取得批准。

利用我国人类遗传资源和生物资源开展国际科学研究合作，应当保证中方单位及其研究人员全过程、实质性地参与研究，依法分享相关权益。

第六十条 国家加强对外来物种入侵的防范和应对，保护生物多样性。国务院农业农村主管部门会同国务院其他有关部门制定外来入侵物种名录和管理办法。

国务院有关部门根据职责分工，加强对外来入侵物种的调查、监测、预警、控制、评估、清除以及生态修复等工作。

任何单位和个人未经批准，不得擅自引进、释放或者丢弃外来物种。

第七章　防范生物恐怖与生物武器威胁

第六十一条　国家采取一切必要措施防范生物恐怖与生物武器威胁。

禁止开发、制造或者以其他方式获取、储存、持有和使用生物武器。

禁止以任何方式唆使、资助、协助他人开发、制造或者以其他方式获取生物武器。

第六十二条　国务院有关部门制定、修改、公布可被用于生物恐怖活动、制造生物武器的生物体、生物毒素、设备或者技术清单，加强监管，防止其被用于制造生物武器或者恐怖目的。

第六十三条　国务院有关部门和有关军事机关根据职责分工，加强对可被用于生物恐怖活动、制造生物武器的生物体、生物毒素、设备或者技术进出境、进出口、获取、制造、转移和投放等活动的监测、调查，采取必要的防范和处置措施。

第六十四条　国务院有关部门、省级人民政府及其有关部门负责组织遭受生物恐怖袭击、生物武器攻击后的人员救治与安置、环境消毒、生态修复、安全监测和社会秩序恢复等工作。

国务院有关部门、省级人民政府及其有关部门应当有效引导社会舆论科学、准确报道生物恐怖袭击和生物武器攻击事件，及时发布疏散、转移和紧急避难等信息，对应急处置与恢复过程中遭受污染的区域和人员进行长期环境监测和健康监测。

第六十五条　国家组织开展对我国境内战争遗留生物武器及其危害结果、潜在影响的调查。

国家组织建设存放和处理战争遗留生物武器设施，保障对战争遗留生物武器的安全处置。

第八章　生物安全能力建设

第六十六条　国家制定生物安全事业发展规划，加强生物安全能力建设，提高应对生物安全事件的能力和水平。

县级以上人民政府应当支持生物安全事业发展，按照事权划分，将支持下列生物安全事业发展的相关支出列入政府预算：

（一）监测网络的构建和运行；

（二）应急处置和防控物资的储备；

（三）关键基础设施的建设和运行；

（四）关键技术和产品的研究、开发；

（五）人类遗传资源和生物资源的调查、保藏；

（六）法律法规规定的其他重要生物安全事业。

第六十七条　国家采取措施支持生物安全科技研究，加强生物安全风险防御与管控技术研究，整合优势力量和资源，建立多学科、多部门协同创新的联合攻关机制，推动生物安全核心关键技术和重大防御产品的成果产出与转化应用，提高生物安全的科技保障能力。

第六十八条　国家统筹布局全国生物安全基础设施建设。国务院有关部门根据职责分工，加快建设生物信息、人类遗传资源保藏、菌（毒）种保藏、动植物遗传资源保藏、高等级病原微生物实验室等方面的生物安全国家战略资源平台，建立共享利用机制，为生物安全科技创新提供战略保障和支撑。

第六十九条　国务院有关部门根据职责分工，加强生物基础科学研究人才和生物领域专业技术人才培养，推动生物基础科学学科建设和科学研究。

国家生物安全基础设施重要岗位的从业人员应当具备符合要求的资格，相关信息应当向国务院有关部门备案，并接受岗位培训。

第七十条 国家加强重大新发突发传染病、动植物疫情等生物安全风险防控的物资储备。

国家加强生物安全应急药品、装备等物资的研究、开发和技术储备。国务院有关部门根据职责分工，落实生物安全应急药品、装备等物资研究、开发和技术储备的相关措施。

国务院有关部门和县级以上地方人民政府及其有关部门应当保障生物安全事件应急处置所需的医疗救护设备、救治药品、医疗器械等物资的生产、供应和调配；交通运输主管部门应当及时组织协调运输经营单位优先运送。

第七十一条 国家对从事高致病性病原微生物实验活动、生物安全事件现场处置等高风险生物安全工作的人员，提供有效的防护措施和医疗保障。

第九章 法律责任

第七十二条 违反本法规定，履行生物安全管理职责的工作人员在生物安全工作中滥用职权、玩忽职守、徇私舞弊或者有其他违法行为的，依法给予处分。

第七十三条 违反本法规定，医疗机构、专业机构或者其工作人员瞒报、谎报、缓报、漏报，授意他人瞒报、谎报、缓报，或者阻碍他人报告传染病、动植物疫病或者不明原因的聚集性疾病的，由县级以上人民政府有关部门责令改正，给予警告；对法定代表人、主要负责人、直接负责的主管人员和其他直接责任人员，依法给予处分，并可以依法暂停一定期限的执业活动直至吊销相关执业证书。

违反本法规定，编造、散布虚假的生物安全信息，构成违反治安管理行为的，由公安机关依法给予治安管理处罚。

第七十四条 违反本法规定，从事国家禁止的生物技术研究、开发与应用活动的，由县级以上人民政府卫生健康、科学技术、农业农村主管部门根据职责分工，责令停止违法行为，没收违法所得、技术资料和用于违法行为的工具、设备、原材料等物品，处一百万元以上一千万元以下的罚款，违法所得在一百万元以上的，处违法所得十倍以上二十倍以下的罚款，并可以依法禁止一定期限内从事相应的生物技术研究、开发与应用活动，吊销相关许可证件；对法定代表人、主要负责人、直接负责的主管人员和其他直接责任人员，依法给予处分，处十万元以上二十万元以下的罚款，十年直至终身禁止从事相应的生物技术研究、开发与应用活动，依法吊销相关执业证书。

第七十五条　违反本法规定，从事生物技术研究、开发活动未遵守国家生物技术研究开发安全管理规范的，由县级以上人民政府有关部门根据职责分工，责令改正，给予警告，可以并处二万元以上二十万元以下的罚款；拒不改正或者造成严重后果的，责令停止研究、开发活动，并处二十万元以上二百万元以下的罚款。

第七十六条　违反本法规定，从事病原微生物实验活动未在相应等级的实验室进行，或者高等级病原微生物实验室未经批准从事高致病性、疑似高致病性病原微生物实验活动的，由县级以上地方人民政府卫生健康、农业农村主管部门根据职责分工，责令停止违法行为，监督其将用于实验活动的病原微生物销毁或者送交保藏机构，给予警告；造成传染病传播、流行或者其他严重后果的，对法定代表人、主要负责人、直接负责的主管人员和其他直接责任人员依法给予撤职、开除处分。

第七十七条　违反本法规定，将使用后的实验动物流入市场的，由县级以上人民政府科学技术主管部门责令改正，没收违法所得，并处二十万元以上一百万元以下的罚款，违法所得在二十万元以上的，并处违法所得五倍以上十倍以下的罚款；情节严重的，由发证部门吊销相关许可证件。

第七十八条　违反本法规定，有下列行为之一的，由县级以上人民政府有关部门根据职责分工，责令改正，没收违法所得，给予警告，可以并处十万元以上一百万元以下的罚款：

（一）购买或者引进列入管控清单的重要设备、特殊生物因子未进行登记，或者未报国务院有关部门备案；

（二）个人购买或者持有列入管控清单的重要设备或者特殊生物因子；

（三）个人设立病原微生物实验室或者从事病原微生物实验活动；

（四）未经实验室负责人批准进入高等级病原微生物实验室。

第七十九条 违反本法规定，未经批准，采集、保藏我国人类遗传资源或者利用我国人类遗传资源开展国际科学研究合作的，由国务院科学技术主管部门责令停止违法行为，没收违法所得和违法采集、保藏的人类遗传资源，并处五十万元以上五百万元以下的罚款，违法所得在一百万元以上的，并处违法所得五倍以上十倍以下的罚款；情节严重的，对法定代表人、主要负责人、直接负责的主管人员和其他直接责任人员，依法给予处分，五年内禁止从事相应活动。

第八十条 违反本法规定，境外组织、个人及其设立或者实际控制的机构在我国境内采集、保藏我国人类遗传资源，或者向境外提供我国人类遗传资源的，由国务院科学技术主管部门责令停止违法行为，没收违法所得和违法采集、保藏的人类遗传资源，并处一百万元以上一千万元以下的罚款；违法所得在一百万元以上的，并处违法所得十倍以上二十倍以下的罚款。

第八十一条 违反本法规定，未经批准，擅自引进外来物种的，由县级以上人民政府有关部门根据职责分工，没收引进的外来物种，并处五万元以上二十五万元以下的罚款。

违反本法规定，未经批准，擅自释放或者丢弃外来物种的，由县级以上人民政府有关部门根据职责分工，责令限期捕回、找回释放或者丢弃的外来物种，处一万元以上五万元以下的罚款。

第八十二条 违反本法规定，构成犯罪的，依法追究刑事责任；造成人身、财产或者其他损害的，依法承担民事责任。

第八十三条　违反本法规定的生物安全违法行为，本法未规定法律责任，其他有关法律、行政法规有规定的，依照其规定。

第八十四条　境外组织或者个人通过运输、邮寄、携带危险生物因子入境或者以其他方式危害我国生物安全的，依法追究法律责任，并可以采取其他必要措施。

第十章　附　　则

第八十五条　本法下列术语的含义：

（一）生物因子，是指动物、植物、微生物、生物毒素及其他生物活性物质。

（二）重大新发突发传染病，是指我国境内首次出现或者已经宣布消灭再次发生，或者突然发生，造成或者可能造成公众健康和生命安全严重损害，引起社会恐慌，影响社会稳定的传染病。

（三）重大新发突发动物疫情，是指我国境内首次发生或者已经宣布消灭的动物疫病再次发生，或者发病率、死亡率较高的潜伏动物疫病突然发生并迅速传播，给养殖业生产安全造成严重威胁、危害，以及可能对公众健康和生命安全造成危害的情形。

（四）重大新发突发植物疫情，是指我国境内首次发生或者已经宣布消灭的严重危害植物的真菌、细菌、病毒、昆虫、线虫、杂草、害鼠、软体动物等再次引发病虫害，或者本地有害生物突然大范围发生并迅速传播，对农作物、林木等植物造成严重危害的情形。

（五）生物技术研究、开发与应用，是指通过科学和工程原理认识、改造、合成、利用生物而从事的科学研究、技术开发与应用等活动。

（六）病原微生物，是指可以侵犯人、动物引起感染甚至传染病的微生物，包括病毒、细菌、真菌、立克次体、寄生虫等。

（七）植物有害生物，是指能够对农作物、林木等植物造成危害的真菌、细菌、病毒、昆虫、线虫、杂草、害鼠、软体动物等生物。

（八）人类遗传资源，包括人类遗传资源材料和人类遗传资源信息。人类遗传资源材料是指含有人体基因组、基因等遗传物质的器官、组织、细胞等遗传材料。人类遗传资源信息是指利用人类遗传资源材料产生的数据等信息资料。

（九）微生物耐药，是指微生物对抗微生物药物产生抗性，导致抗微生物药物不能有效控制微生物的感染。

（十）生物武器，是指类型和数量不属于预防、保护或者其他和平用途所正当需要的、任何来源或者任何方法产生的微生物剂、其他生物剂以及生物毒素；也包括为将上述生物剂、生物毒素使用于敌对目的或者武装冲突而设计的武器、设备或者运载工具。

（十一）生物恐怖，是指故意使用致病性微生物、生物毒素等实施袭击，损害人类或者动植物健康，引起社会恐慌，企图达到特定政治目的的行为。

第八十六条　生物安全信息属于国家秘密的，应当依照《中华人民共和国保守国家秘密法》和国家其他有关保密规定实施保密管理。

第八十七条　中国人民解放军、中国人民武装警察部队的生物安全活动，由中央军事委员会依照本法规定的原则另行规定。

第八十八条　本法自2021年4月15日起施行。

中华人民共和国未成年人保护法

（1991年9月4日第七届全国人民代表大会常务委员会第二十一次会议通过　2006年12月29日第十届全国人民代表大会常务委员会第二十五次会议第一次修订　根据2012年10月26日第十一届全国人民代表大会常务委员会第二十九次会议《关于修改〈中华人民共和国未成年人保护法〉的决定》修正　2020年10月17日第十三届全国人民代表大会常务委员会第二十二次会议第二次修订　2020年10月17日中华人民共和国主席令第57号公布　自2021年6月1日起施行）

目　录

第一章　总　　则
第二章　家庭保护
第三章　学校保护
第四章　社会保护
第五章　网络保护
第六章　政府保护
第七章　司法保护
第八章　法律责任
第九章　附　　则

第一章　总　　则

第一条　为了保护未成年人身心健康，保障未成年人合法权益，促进未成年人德智体美劳全面发展，培养有理想、有道德、有文化、有纪律的社会主义建设者和接班人，培养担当民族复兴大任的时代新人，根据宪法，制定本法。

第二条 本法所称未成年人是指未满十八周岁的公民。

第三条 国家保障未成年人的生存权、发展权、受保护权、参与权等权利。

未成年人依法平等地享有各项权利，不因本人及其父母或者其他监护人的民族、种族、性别、户籍、职业、宗教信仰、教育程度、家庭状况、身心健康状况等受到歧视。

第四条 保护未成年人，应当坚持最有利于未成年人的原则。处理涉及未成年人事项，应当符合下列要求：

（一）给予未成年人特殊、优先保护；

（二）尊重未成年人人格尊严；

（三）保护未成年人隐私权和个人信息；

（四）适应未成年人身心健康发展的规律和特点；

（五）听取未成年人的意见；

（六）保护与教育相结合。

第五条 国家、社会、学校和家庭应当对未成年人进行理想教育、道德教育、科学教育、文化教育、法治教育、国家安全教育、健康教育、劳动教育，加强爱国主义、集体主义和中国特色社会主义的教育，培养爱祖国、爱人民、爱劳动、爱科学、爱社会主义的公德，抵制资本主义、封建主义和其他腐朽思想的侵蚀，引导未成年人树立和践行社会主义核心价值观。

第六条 保护未成年人，是国家机关、武装力量、政党、人民团体、企业事业单位、社会组织、城乡基层群众性自治组织、未成年人的监护人以及其他成年人的共同责任。

国家、社会、学校和家庭应当教育和帮助未成年人维护自身合法权益，增强自我保护的意识和能力。

第七条 未成年人的父母或者其他监护人依法对未成年人承

担监护职责。

国家采取措施指导、支持、帮助和监督未成年人的父母或者其他监护人履行监护职责。

第八条 县级以上人民政府应当将未成年人保护工作纳入国民经济和社会发展规划,相关经费纳入本级政府预算。

第九条 县级以上人民政府应当建立未成年人保护工作协调机制,统筹、协调、督促和指导有关部门在各自职责范围内做好未成年人保护工作。协调机制具体工作由县级以上人民政府民政部门承担,省级人民政府也可以根据本地实际情况确定由其他有关部门承担。

第十条 共产主义青年团、妇女联合会、工会、残疾人联合会、关心下一代工作委员会、青年联合会、学生联合会、少年先锋队以及其他人民团体、有关社会组织,应当协助各级人民政府及其有关部门、人民检察院、人民法院做好未成年人保护工作,维护未成年人合法权益。

第十一条 任何组织或者个人发现不利于未成年人身心健康或者侵犯未成年人合法权益的情形,都有权劝阻、制止或者向公安、民政、教育等有关部门提出检举、控告。

国家机关、居民委员会、村民委员会、密切接触未成年人的单位及其工作人员,在工作中发现未成年人身心健康受到侵害、疑似受到侵害或者面临其他危险情形的,应当立即向公安、民政、教育等有关部门报告。

有关部门接到涉及未成年人的检举、控告或者报告,应当依法及时受理、处置,并以适当方式将处理结果告知相关单位和人员。

第十二条 国家鼓励和支持未成年人保护方面的科学研究,建设相关学科、设置相关专业,加强人才培养。

第十三条 国家建立健全未成年人统计调查制度,开展未成年人健康、受教育等状况的统计、调查和分析,发布未成年人保护的有关信息。

第十四条　国家对保护未成年人有显著成绩的组织和个人给予表彰和奖励。

第二章　家庭保护

第十五条　未成年人的父母或者其他监护人应当学习家庭教育知识，接受家庭教育指导，创造良好、和睦、文明的家庭环境。

共同生活的其他成年家庭成员应当协助未成年人的父母或者其他监护人抚养、教育和保护未成年人。

第十六条　未成年人的父母或者其他监护人应当履行下列监护职责：

（一）为未成年人提供生活、健康、安全等方面的保障；

（二）关注未成年人的生理、心理状况和情感需求；

（三）教育和引导未成年人遵纪守法、勤俭节约，养成良好的思想品德和行为习惯；

（四）对未成年人进行安全教育，提高未成年人的自我保护意识和能力；

（五）尊重未成年人受教育的权利，保障适龄未成年人依法接受并完成义务教育；

（六）保障未成年人休息、娱乐和体育锻炼的时间，引导未成年人进行有益身心健康的活动；

（七）妥善管理和保护未成年人的财产；

（八）依法代理未成年人实施民事法律行为；

（九）预防和制止未成年人的不良行为和违法犯罪行为，并进行合理管教；

（十）其他应当履行的监护职责。

第十七条　未成年人的父母或者其他监护人不得实施下列行为：

（一）虐待、遗弃、非法送养未成年人或者对未成年人实施家庭

暴力;

（二）放任、教唆或者利用未成年人实施违法犯罪行为;

（三）放任、唆使未成年人参与邪教、迷信活动或者接受恐怖主义、分裂主义、极端主义等侵害;

（四）放任、唆使未成年人吸烟（含电子烟，下同）、饮酒、赌博、流浪乞讨或者欺凌他人;

（五）放任或者迫使应当接受义务教育的未成年人失学、辍学;

（六）放任未成年人沉迷网络，接触危害或者可能影响其身心健康的图书、报刊、电影、广播电视节目、音像制品、电子出版物和网络信息等;

（七）放任未成年人进入营业性娱乐场所、酒吧、互联网上网服务营业场所等不适宜未成年人活动的场所;

（八）允许或者迫使未成年人从事国家规定以外的劳动;

（九）允许、迫使未成年人结婚或者为未成年人订立婚约;

（十）违法处分、侵吞未成年人的财产或者利用未成年人牟取不正当利益;

（十一）其他侵犯未成年人身心健康、财产权益或者不依法履行未成年人保护义务的行为。

第十八条 未成年人的父母或者其他监护人应当为未成年人提供安全的家庭生活环境，及时排除引发触电、烫伤、跌落等伤害的安全隐患;采取配备儿童安全座椅、教育未成年人遵守交通规则等措施，防止未成年人受到交通事故的伤害;提高户外安全保护意识，避免未成年人发生溺水、动物伤害等事故。

第十九条 未成年人的父母或者其他监护人应当根据未成年人的年龄和智力发展状况，在作出与未成年人权益有关的决定前，听取未成年人的意见，充分考虑其真实意愿。

第二十条 未成年人的父母或者其他监护人发现未成年人身心健康受到侵害、疑似受到侵害或者其他合法权益受到侵犯的，应当及时了解情况并采取保护措施;情况严重的，应当立即向公安、民政、教育等部门报告。

第二十一条 未成年人的父母或者其他监护人不得使未满八周岁或者由于身体、心理原因需要特别照顾的未成年人处于无人看护状态，或者将其交由无民事行为能力、限制民事行为能力、患有严重传染性疾病或者其他不适宜的人员临时照护。

未成年人的父母或者其他监护人不得使未满十六周岁的未成年人脱离监护单独生活。

第二十二条 未成年人的父母或者其他监护人因外出务工等原因在一定期限内不能完全履行监护职责的，应当委托具有照护能力的完全民事行为能力人代为照护；无正当理由的，不得委托他人代为照护。

未成年人的父母或者其他监护人在确定被委托人时，应当综合考虑其道德品质、家庭状况、身心健康状况、与未成年人生活情感上的联系等情况，并听取有表达意愿能力未成年人的意见。

具有下列情形之一的，不得作为被委托人：

(一)曾实施性侵害、虐待、遗弃、拐卖、暴力伤害等违法犯罪行为；

(二)有吸毒、酗酒、赌博等恶习；

(三)曾拒不履行或者长期怠于履行监护、照护职责；

(四)其他不适宜担任被委托人的情形。

第二十三条 未成年人的父母或者其他监护人应当及时将委托照护情况书面告知未成年人所在学校、幼儿园和实际居住地的居民委员会、村民委员会，加强和未成年人所在学校、幼儿园的沟通；与未成年人、被委托人至少每周联系和交流一次，了解未成年人的生活、学习、心理等情况，并给予未成年人亲情关爱。

未成年人的父母或者其他监护人接到被委托人、居民委员会、村民委员会、学校、幼儿园等关于未成年人心理、行为异常的通知后，应当及时采取干预措施。

第二十四条 未成年人的父母离婚时，应当妥善处理未成年子女的抚养、教育、探望、财产等事宜，听取有表达意愿能力未成年人的意见。不得以抢夺、藏匿未成年子女等方式争夺抚养权。

未成年人的父母离婚后，不直接抚养未成年子女的一方应当依照协议、人民法院判决或者调解确定的时间和方式，在不影响未成年人学习、生活的情况下探望未成年子女，直接抚养的一方应当配合，但被人民法院依法中止探望权的除外。

第三章　学校保护

第二十五条　学校应当全面贯彻国家教育方针，坚持立德树人，实施素质教育，提高教育质量，注重培养未成年学生认知能力、合作能力、创新能力和实践能力，促进未成年学生全面发展。

学校应当建立未成年学生保护工作制度，健全学生行为规范，培养未成年学生遵纪守法的良好行为习惯。

第二十六条　幼儿园应当做好保育、教育工作，遵循幼儿身心发展规律，实施启蒙教育，促进幼儿在体质、智力、品德等方面和谐发展。

第二十七条　学校、幼儿园的教职员工应当尊重未成年人人格尊严，不得对未成年人实施体罚、变相体罚或者其他侮辱人格尊严的行为。

第二十八条　学校应当保障未成年学生受教育的权利，不得违反国家规定开除、变相开除未成年学生。

学校应当对尚未完成义务教育的辍学未成年学生进行登记并劝返复学；劝返无效的，应当及时向教育行政部门书面报告。

第二十九条　学校应当关心、爱护未成年学生，不得因家庭、身体、心理、学习能力等情况歧视学生。对家庭困难、身心有障碍的学生，应当提供关爱；对行为异常、学习有困难的学生，应当耐心帮助。

学校应当配合政府有关部门建立留守未成年学生、困境未成年学生的信息档案，开展关爱帮扶工作。

第三十条 学校应当根据未成年学生身心发展特点，进行社会生活指导、心理健康辅导、青春期教育和生命教育。

第三十一条 学校应当组织未成年学生参加与其年龄相适应的日常生活劳动、生产劳动和服务性劳动，帮助未成年学生掌握必要的劳动知识和技能，养成良好的劳动习惯。

第三十二条 学校、幼儿园应当开展勤俭节约、反对浪费、珍惜粮食、文明饮食等宣传教育活动，帮助未成年人树立浪费可耻、节约为荣的意识，养成文明健康、绿色环保的生活习惯。

第三十三条 学校应当与未成年学生的父母或者其他监护人互相配合，合理安排未成年学生的学习时间，保障其休息、娱乐和体育锻炼的时间。

学校不得占用国家法定节假日、休息日及寒暑假期，组织义务教育阶段的未成年学生集体补课，加重其学习负担。

幼儿园、校外培训机构不得对学龄前未成年人进行小学课程教育。

第三十四条 学校、幼儿园应当提供必要的卫生保健条件，协助卫生健康部门做好在校、在园未成年人的卫生保健工作。

第三十五条 学校、幼儿园应当建立安全管理制度，对未成年人进行安全教育，完善安保设施、配备安保人员，保障未成年人在校、在园期间的人身和财产安全。

学校、幼儿园不得在危及未成年人人身安全、身心健康的校舍和其他设施、场所中进行教育教学活动。

学校、幼儿园安排未成年人参加文化娱乐、社会实践等集体活动，应当保护未成年人的身心健康，防止发生人身伤害事故。

第三十六条 使用校车的学校、幼儿园应当建立健全校车安全管理制度，配备安全管理人员，定期对校车进行安全检查，对校车驾驶人进行安全教育，并向未成年人讲解校车安全乘坐知识，培养未成年人校车安全事故应急处理技能。

第三十七条 学校、幼儿园应当根据需要，制定应对自然灾害、事故灾难、公共卫生事件等突发事件和意外伤害的预案，配备相应设施并定期进行必要的演练。

未成年人在校内、园内或者本校、本园组织的校外、园外活动中发生人身伤害事故的，学校、幼儿园应当立即救护，妥善处理，及时通知未成年人的父母或者其他监护人，并向有关部门报告。

第三十八条 学校、幼儿园不得安排未成年人参加商业性活动，不得向未成年人及其父母或者其他监护人推销或者要求其购买指定的商品和服务。

学校、幼儿园不得与校外培训机构合作为未成年人提供有偿课程辅导。

第三十九条 学校应当建立学生欺凌防控工作制度，对教职员工、学生等开展防治学生欺凌的教育和培训。

学校对学生欺凌行为应当立即制止，通知实施欺凌和被欺凌未成年学生的父母或者其他监护人参与欺凌行为的认定和处理；对相关未成年学生及时给予心理辅导、教育和引导；对相关未成年学生的父母或者其他监护人给予必要的家庭教育指导。

对实施欺凌的未成年学生，学校应当根据欺凌行为的性质和程度，依法加强管教。对严重的欺凌行为，学校不得隐瞒，应当及时向公安机关、教育行政部门报告，并配合相关部门依法处理。

第四十条 学校、幼儿园应当建立预防性侵害、性骚扰未成年人工作制度。对性侵害、性骚扰未成年人等违法犯罪行为，学校、幼儿园不得隐瞒，应当及时向公安机关、教育行政部门报告，并配合相关部门依法处理。

学校、幼儿园应当对未成年人开展适合其年龄的性教育，提高未成年人防范性侵害、性骚扰的自我保护意识和能力。对遭受性侵害、性骚扰的未成年人，学校、幼儿园应当及时采取相关的保护措施。

第四十一条 婴幼儿照护服务机构、早期教育服务机构、校外培训机构、校外托管机构等应当参照本章有关规定,根据不同年龄阶段未成年人的成长特点和规律,做好未成年人保护工作。

第四章 社会保护

第四十二条 全社会应当树立关心、爱护未成年人的良好风尚。

国家鼓励、支持和引导人民团体、企业事业单位、社会组织以及其他组织和个人,开展有利于未成年人健康成长的社会活动和服务。

第四十三条 居民委员会、村民委员会应当设置专人专岗负责未成年人保护工作,协助政府有关部门宣传未成年人保护方面的法律法规,指导、帮助和监督未成年人的父母或者其他监护人依法履行监护职责,建立留守未成年人、困境未成年人的信息档案并给予关爱帮扶。

居民委员会、村民委员会应当协助政府有关部门监督未成年人委托照护情况,发现被委托人缺乏照护能力、怠于履行照护职责等情况,应当及时向政府有关部门报告,并告知未成年人的父母或者其他监护人,帮助、督促被委托人履行照护职责。

第四十四条 爱国主义教育基地、图书馆、青少年宫、儿童活动中心、儿童之家应当对未成年人免费开放;博物馆、纪念馆、科技馆、展览馆、美术馆、文化馆、社区公益性互联网上网服务场所以及影剧院、体育场馆、动物园、植物园、公园等场所,应当按照有关规定对未成年人免费或者优惠开放。

国家鼓励爱国主义教育基地、博物馆、科技馆、美术馆等公共场馆开设未成年人专场,为未成年人提供有针对性的服务。

国家鼓励国家机关、企业事业单位、部队等开发自身教育资源,设立未成年人开放日,为未成年人主题教育、社会实践、职业体验等提供支持。

国家鼓励科研机构和科技类社会组织对未成年人开展科学普及活动。

第四十五条 城市公共交通以及公路、铁路、水路、航空客运等应当按照有关规定对未成年人实施免费或者优惠票价。

第四十六条 国家鼓励大型公共场所、公共交通工具、旅游景区景点等设置母婴室、婴儿护理台以及方便幼儿使用的坐便器、洗手台等卫生设施，为未成年人提供便利。

第四十七条 任何组织或者个人不得违反有关规定，限制未成年人应当享有的照顾或者优惠。

第四十八条 国家鼓励创作、出版、制作和传播有利于未成年人健康成长的图书、报刊、电影、广播电视节目、舞台艺术作品、音像制品、电子出版物和网络信息等。

第四十九条 新闻媒体应当加强未成年人保护方面的宣传，对侵犯未成年人合法权益的行为进行舆论监督。新闻媒体采访报道涉及未成年人事件应当客观、审慎和适度，不得侵犯未成年人的名誉、隐私和其他合法权益。

第五十条 禁止制作、复制、出版、发布、传播含有宣扬淫秽、色情、暴力、邪教、迷信、赌博、引诱自杀、恐怖主义、分裂主义、极端主义等危害未成年人身心健康内容的图书、报刊、电影、广播电视节目、舞台艺术作品、音像制品、电子出版物和网络信息等。

第五十一条 任何组织或者个人出版、发布、传播的图书、报刊、电影、广播电视节目、舞台艺术作品、音像制品、电子出版物或者网络信息，包含可能影响未成年人身心健康内容的，应当以显著方式作出提示。

第五十二条 禁止制作、复制、发布、传播或者持有有关未成年人的淫秽色情物品和网络信息。

第五十三条 任何组织或者个人不得刊登、播放、张贴或者散发含有危害未成年人身心健康内容的广告；不得在学校、幼儿园播放、张贴或者散发商业广告；不得利用校服、教材等发布或者变相发布商业广告。

第五十四条 禁止拐卖、绑架、虐待、非法收养未成年人，禁止对未成年人实施性侵害、性骚扰。

禁止胁迫、引诱、教唆未成年人参加黑社会性质组织或者从事违法犯罪活动。

禁止胁迫、诱骗、利用未成年人乞讨。

第五十五条 生产、销售用于未成年人的食品、药品、玩具、用具和游戏游艺设备、游乐设施等，应当符合国家或者行业标准，不得危害未成年人的人身安全和身心健康。上述产品的生产者应当在显著位置标明注意事项，未标明注意事项的不得销售。

第五十六条 未成年人集中活动的公共场所应当符合国家或者行业安全标准，并采取相应安全保护措施。对可能存在安全风险的设施，应当定期进行维护，在显著位置设置安全警示标志并标明适龄范围和注意事项；必要时应当安排专门人员看管。

大型的商场、超市、医院、图书馆、博物馆、科技馆、游乐场、车站、码头、机场、旅游景区景点等场所运营单位应当设置搜寻走失未成年人的安全警报系统。场所运营单位接到求助后，应当立即启动安全警报系统，组织人员进行搜寻并向公安机关报告。

公共场所发生突发事件时，应当优先救护未成年人。

第五十七条 旅馆、宾馆、酒店等住宿经营者接待未成年人入住，或者接待未成年人和成年人共同入住时，应当询问父母或者其他监护人的联系方式、入住人员的身份关系等有关情况；发现有违法犯罪嫌疑的，应当立即向公安机关报告，并及时联系未成年人的父母或者其他监护人。

第五十八条 学校、幼儿园周边不得设置营业性娱乐场所、酒吧、互联网上网服务营业场所等不适宜未成年人活动的场所。营业性歌舞娱乐场所、酒吧、互联网上网服务营业场所等不适宜未成年人活动场所的经营者，不得允许未成年人进入；游艺娱乐场所设置的电子游戏设备，除国家法定节假日外，不得向未成年人提供。

经营者应当在显著位置设置未成年人禁入、限入标志；对难以判明是否是未成年人的，应当要求其出示身份证件。

第五十九条 学校、幼儿园周边不得设置烟、酒、彩票销售网点。禁止向未成年人销售烟、酒、彩票或者兑付彩票奖金。烟、酒和彩票经营者应当在显著位置设置不向未成年人销售烟、酒或者彩票的标志；对难以判明是否是未成年人的，应当要求其出示身份证件。

任何人不得在学校、幼儿园和其他未成年人集中活动的公共场所吸烟、饮酒。

第六十条 禁止向未成年人提供、销售管制刀具或者其他可能致人严重伤害的器具等物品。经营者难以判明购买者是否是未成年人的，应当要求其出示身份证件。

第六十一条 任何组织或者个人不得招用未满十六周岁未成年人，国家另有规定的除外。

营业性娱乐场所、酒吧、互联网上网服务营业场所等不适宜未成年人活动的场所不得招用已满十六周岁的未成年人。

招用已满十六周岁未成年人的单位和个人应当执行国家在工种、劳动时间、劳动强度和保护措施等方面的规定，不得安排其从事过重、有毒、有害等危害未成年人身心健康的劳动或者危险作业。

任何组织或者个人不得组织未成年人进行危害其身心健康的表演等活动。经未成年人的父母或者其他监护人同意，未成年人参与演出、节目制作等活动，活动组织方应当根据国家有关规定，保障未成年人合法权益。

第六十二条 密切接触未成年人的单位招聘工作人员时，应当向公安机关、人民检察院查询应聘者是否具有性侵害、虐待、拐卖、暴力伤害等违法犯罪记录；发现其具有前述行为记录的，不得录用。

密切接触未成年人的单位应当每年定期对工作人员是否具有

上述违法犯罪记录进行查询。通过查询或者其他方式发现其工作人员具有上述行为的，应当及时解聘。

第六十三条 任何组织或者个人不得隐匿、毁弃、非法删除未成年人的信件、日记、电子邮件或者其他网络通讯内容。

除下列情形外，任何组织或者个人不得开拆、查阅未成年人的信件、日记、电子邮件或者其他网络通讯内容：

（一）无民事行为能力未成年人的父母或者其他监护人代未成年人开拆、查阅；

（二）因国家安全或者追查刑事犯罪依法进行检查；

（三）紧急情况下为了保护未成年人本人的人身安全。

第五章 网络保护

第六十四条 国家、社会、学校和家庭应当加强未成年人网络素养宣传教育，培养和提高未成年人的网络素养，增强未成年人科学、文明、安全、合理使用网络的意识和能力，保障未成年人在网络空间的合法权益。

第六十五条 国家鼓励和支持有利于未成年人健康成长的网络内容的创作与传播，鼓励和支持专门以未成年人为服务对象、适合未成年人身心健康特点的网络技术、产品、服务的研发、生产和使用。

第六十六条 网信部门及其他有关部门应当加强对未成年人网络保护工作的监督检查，依法惩处利用网络从事危害未成年人身心健康的活动，为未成年人提供安全、健康的网络环境。

第六十七条 网信部门会同公安、文化和旅游、新闻出版、电影、广播电视等部门根据保护不同年龄阶段未成年人的需要，确定可能影响未成年人身心健康网络信息的种类、范围和判断标准。

第六十八条 新闻出版、教育、卫生健康、文化和旅游、网信等部门应当定期开展预防未成年人沉迷网络的宣传教育，监督网络产品和服务提供者履行预防未成年人沉迷网络的义务，指导家庭、学校、社会组织互相配合，采取科学、合理的方式对未成年人沉迷网络进行预防和干预。

任何组织或者个人不得以侵害未成年人身心健康的方式对未成年人沉迷网络进行干预。

第六十九条 学校、社区、图书馆、文化馆、青少年宫等场所为未成年人提供的互联网上网服务设施，应当安装未成年人网络保护软件或者采取其他安全保护技术措施。

智能终端产品的制造者、销售者应当在产品上安装未成年人网络保护软件，或者以显著方式告知用户未成年人网络保护软件的安装渠道和方法。

第七十条 学校应当合理使用网络开展教学活动。未经学校允许，未成年学生不得将手机等智能终端产品带入课堂，带入学校的应当统一管理。

学校发现未成年学生沉迷网络的，应当及时告知其父母或者其他监护人，共同对未成年学生进行教育和引导，帮助其恢复正常的学习生活。

第七十一条 未成年人的父母或者其他监护人应当提高网络素养，规范自身使用网络的行为，加强对未成年人使用网络行为的引导和监督。

未成年人的父母或者其他监护人应当通过在智能终端产品上安装未成年人网络保护软件、选择适合未成年人的服务模式和管理功能等方式，避免未成年人接触危害或者可能影响其身心健康的网络信息，合理安排未成年人使用网络的时间，有效预防未成年人沉迷网络。

第七十二条 信息处理者通过网络处理未成年人个人信息的，应当遵循合法、正当和必要的原则。处理不满十四周岁未成年人个人信息的，应当征得未成年人的父母或者其他监护人同意，但法律、行政法规另有规定的除外。

未成年人、父母或者其他监护人要求信息处理者更正、删除未成年人个人信息的，信息处理者应当及时采取措施予以更正、删除，但法律、行政法规另有规定的除外。

第七十三条 网络服务提供者发现未成年人通过网络发布私密信息的，应当及时提示，并采取必要的保护措施。

第七十四条 网络产品和服务提供者不得向未成年人提供诱导其沉迷的产品和服务。

网络游戏、网络直播、网络音视频、网络社交等网络服务提供者应当针对未成年人使用其服务设置相应的时间管理、权限管理、消费管理等功能。

以未成年人为服务对象的在线教育网络产品和服务，不得插入网络游戏链接，不得推送广告等与教学无关的信息。

第七十五条 网络游戏经依法审批后方可运营。

国家建立统一的未成年人网络游戏电子身份认证系统。网络游戏服务提供者应当要求未成年人以真实身份信息注册并登录网络游戏。

网络游戏服务提供者应当按照国家有关规定和标准，对游戏产品进行分类，作出适龄提示，并采取技术措施，不得让未成年人接触不适宜的游戏或者游戏功能。

网络游戏服务提供者不得在每日二十二时至次日八时向未成年人提供网络游戏服务。

第七十六条 网络直播服务提供者不得为未满十六周岁的未成年人提供网络直播发布者账号注册服务；为年满十六周岁的未成年人提供网络直播发布者账号注册服务时，应当对其身份信息进行认证，并征得其父母或者其他监护人同意。

第七十七条 任何组织或者个人不得通过网络以文字、图片、音视频等形式，对未成年人实施侮辱、诽谤、威胁或者恶意损害形象等网络欺凌行为。

遭受网络欺凌的未成年人及其父母或者其他监护人有权通知

网络服务提供者采取删除、屏蔽、断开链接等措施。网络服务提供者接到通知后,应当及时采取必要的措施制止网络欺凌行为,防止信息扩散。

第七十八条 网络产品和服务提供者应当建立便捷、合理、有效的投诉和举报渠道,公开投诉、举报方式等信息,及时受理并处理涉及未成年人的投诉、举报。

第七十九条 任何组织或者个人发现网络产品、服务含有危害未成年人身心健康的信息,有权向网络产品和服务提供者或者网信、公安等部门投诉、举报。

第八十条 网络服务提供者发现用户发布、传播可能影响未成年人身心健康的信息且未作显著提示的,应当作出提示或者通知用户予以提示;未作出提示的,不得传输相关信息。

网络服务提供者发现用户发布、传播含有危害未成年人身心健康内容的信息的,应当立即停止传输相关信息,采取删除、屏蔽、断开链接等处置措施,保存有关记录,并向网信、公安等部门报告。

网络服务提供者发现用户利用其网络服务对未成年人实施违法犯罪行为的,应当立即停止向该用户提供网络服务,保存有关记录,并向公安机关报告。

第六章 政府保护

第八十一条 县级以上人民政府承担未成年人保护协调机制具体工作的职能部门应当明确相关内设机构或者专门人员,负责承担未成年人保护工作。

乡镇人民政府和街道办事处应当设立未成年人保护工作站或者指定专门人员,及时办理未成年人相关事务;支持、指导居民委员会、村民委员会设立专人专岗,做好未成年人保护工作。

第八十二条 各级人民政府应当将家庭教育指导服务纳入城乡公共服务体系,开展家庭教育知识宣传,鼓励和支持有关人民团体、企业事业单位、社会组织开展家庭教育指导服务。

第八十三条 各级人民政府应当保障未成年人受教育的权利，并采取措施保障留守未成年人、困境未成年人、残疾未成年人接受义务教育。

对尚未完成义务教育的辍学未成年学生，教育行政部门应当责令父母或者其他监护人将其送入学校接受义务教育。

第八十四条 各级人民政府应当发展托育、学前教育事业，办好婴幼儿照护服务机构、幼儿园，支持社会力量依法兴办母婴室、婴幼儿照护服务机构、幼儿园。

县级以上地方人民政府及其有关部门应当培养和培训婴幼儿照护服务机构、幼儿园的保教人员，提高其职业道德素质和业务能力。

第八十五条 各级人民政府应当发展职业教育，保障未成年人接受职业教育或者职业技能培训，鼓励和支持人民团体、企业事业单位、社会组织为未成年人提供职业技能培训服务。

第八十六条 各级人民政府应当保障具有接受普通教育能力、能适应校园生活的残疾未成年人就近在普通学校、幼儿园接受教育；保障不具有接受普通教育能力的残疾未成年人在特殊教育学校、幼儿园接受学前教育、义务教育和职业教育。

各级人民政府应当保障特殊教育学校、幼儿园的办学、办园条件，鼓励和支持社会力量举办特殊教育学校、幼儿园。

第八十七条 地方人民政府及其有关部门应当保障校园安全，监督、指导学校、幼儿园等单位落实校园安全责任，建立突发事件的报告、处置和协调机制。

第八十八条 公安机关和其他有关部门应当依法维护校园周边的治安和交通秩序，设置监控设备和交通安全设施，预防和制止侵害未成年人的违法犯罪行为。

第八十九条 地方人民政府应当建立和改善适合未成年人的活动场所和设施，支持公益性未成年人活动场所和设施的建设和运行，鼓励社会力量兴办适合未成年人的活动场所和设施，并加强管理。

地方人民政府应当采取措施，鼓励和支持学校在国家法定节假日、休息日及寒暑假期将文化体育设施对未成年人免费或者优惠开放。

地方人民政府应当采取措施，防止任何组织或者个人侵占、破坏学校、幼儿园、婴幼儿照护服务机构等未成年人活动场所的场地、房屋和设施。

第九十条 各级人民政府及其有关部门应当对未成年人进行卫生保健和营养指导，提供卫生保健服务。

卫生健康部门应当依法对未成年人的疫苗预防接种进行规范，防治未成年人常见病、多发病，加强传染病防治和监督管理，做好伤害预防和干预，指导和监督学校、幼儿园、婴幼儿照护服务机构开展卫生保健工作。

教育行政部门应当加强未成年人的心理健康教育，建立未成年人心理问题的早期发现和及时干预机制。卫生健康部门应当做好未成年人心理治疗、心理危机干预以及精神障碍早期识别和诊断治疗等工作。

第九十一条 各级人民政府及其有关部门对困境未成年人实施分类保障，采取措施满足其生活、教育、安全、医疗康复、住房等方面的基本需要。

第九十二条 具有下列情形之一的，民政部门应当依法对未成年人进行临时监护：

（一）未成年人流浪乞讨或者身份不明，暂时查找不到父母或者其他监护人；

（二）监护人下落不明且无其他人可以担任监护人；

（三）监护人因自身客观原因或者因发生自然灾害、事故灾难、公共卫生事件等突发事件不能履行监护职责，导致未成年人监护缺失；

（四）监护人拒绝或者怠于履行监护职责，导致未成年人处于无人照料的状态；

（五）监护人教唆、利用未成年人实施违法犯罪行为，未成年人需要被带离安置；

（六）未成年人遭受监护人严重伤害或者面临人身安全威胁，需要被紧急安置；

（七）法律规定的其他情形。

第九十三条 对临时监护的未成年人，民政部门可以采取委托亲属抚养、家庭寄养等方式进行安置，也可以交由未成年人救助保护机构或者儿童福利机构进行收留、抚养。

临时监护期间，经民政部门评估，监护人重新具备履行监护职责条件的，民政部门可以将未成年人送回监护人抚养。

第九十四条 具有下列情形之一的，民政部门应当依法对未成年人进行长期监护：

（一）查找不到未成年人的父母或者其他监护人；

（二）监护人死亡或者被宣告死亡且无其他人可以担任监护人；

（三）监护人丧失监护能力且无其他人可以担任监护人；

（四）人民法院判决撤销监护人资格并指定由民政部门担任监护人；

（五）法律规定的其他情形。

第九十五条 民政部门进行收养评估后，可以依法将其长期监护的未成年人交由符合条件的申请人收养。收养关系成立后，民政部门与未成年人的监护关系终止。

第九十六条 民政部门承担临时监护或者长期监护职责的，财政、教育、卫生健康、公安等部门应当根据各自职责予以配合。

县级以上人民政府及其民政部门应当根据需要设立未成年人救助保护机构、儿童福利机构，负责收留、抚养由民政部门监护的未成年人。

第九十七条 县级以上人民政府应当开通全国统一的未成年

人保护热线，及时受理、转介侵犯未成年人合法权益的投诉、举报；鼓励和支持人民团体、企业事业单位、社会组织参与建设未成年人保护服务平台、服务热线、服务站点，提供未成年人保护方面的咨询、帮助。

第九十八条 国家建立性侵害、虐待、拐卖、暴力伤害等违法犯罪人员信息查询系统，向密切接触未成年人的单位提供免费查询服务。

第九十九条 地方人民政府应当培育、引导和规范有关社会组织、社会工作者参与未成年人保护工作，开展家庭教育指导服务，为未成年人的心理辅导、康复救助、监护及收养评估等提供专业服务。

第七章 司法保护

第一百条 公安机关、人民检察院、人民法院和司法行政部门应当依法履行职责，保障未成年人合法权益。

第一百零一条 公安机关、人民检察院、人民法院和司法行政部门应当确定专门机构或者指定专门人员，负责办理涉及未成年人案件。办理涉及未成年人案件的人员应当经过专门培训，熟悉未成年人身心特点。专门机构或者专门人员中，应当有女性工作人员。

公安机关、人民检察院、人民法院和司法行政部门应当对上述机构和人员实行与未成年人保护工作相适应的评价考核标准。

第一百零二条 公安机关、人民检察院、人民法院和司法行政部门办理涉及未成年人案件，应当考虑未成年人身心特点和健康成长的需要，使用未成年人能够理解的语言和表达方式，听取未成年人的意见。

第一百零三条 公安机关、人民检察院、人民法院、司法行政部门以及其他组织和个人不得披露有关案件中未成年人的姓名、影像、住所、就读学校以及其他可能识别出其身份的信息，但查找失踪、被拐卖未成年人等情形除外。

第一百零四条 对需要法律援助或者司法救助的未成年人，法律援助机构或者公安机关、人民检察院、人民法院和司法行政部门应当给予帮助，依法为其提供法律援助或者司法救助。

法律援助机构应当指派熟悉未成年人身心特点的律师为未成年人提供法律援助服务。

法律援助机构和律师协会应当对办理未成年人法律援助案件的律师进行指导和培训。

第一百零五条 人民检察院通过行使检察权，对涉及未成年人的诉讼活动等依法进行监督。

第一百零六条 未成年人合法权益受到侵犯，相关组织和个人未代为提起诉讼的，人民检察院可以督促、支持其提起诉讼；涉及公共利益的，人民检察院有权提起公益诉讼。

第一百零七条 人民法院审理继承案件，应当依法保护未成年人的继承权和受遗赠权。

人民法院审理离婚案件，涉及未成年子女抚养问题的，应当尊重已满八周岁未成年子女的真实意愿，根据双方具体情况，按照最有利于未成年子女的原则依法处理。

第一百零八条 未成年人的父母或者其他监护人不依法履行监护职责或者严重侵犯被监护的未成年人合法权益的，人民法院可以根据有关人员或者单位的申请，依法作出人身安全保护令或者撤销监护人资格。

被撤销监护人资格的父母或者其他监护人应当依法继续负担抚养费用。

第一百零九条 人民法院审理离婚、抚养、收养、监护、探望等案件涉及未成年人的，可以自行或者委托社会组织对未成年人的相关情况进行社会调查。

第一百一十条 公安机关、人民检察院、人民法院讯问未成年犯罪嫌疑人、被告人，询问未成年被害人、证人，应当依法通知其法定代理人或者其成年亲属、所在学校的代表等合适成年人到场，并采取适当方式，在适当场所进行，保障未成年人的名誉权、隐私权和其他合法权益。

人民法院开庭审理涉及未成年人案件，未成年被害人、证人一般不出庭作证；必须出庭的，应当采取保护其隐私的技术手段和心理干预等保护措施。

第一百一十一条 公安机关、人民检察院、人民法院应当与其他有关政府部门、人民团体、社会组织互相配合，对遭受性侵害或者暴力伤害的未成年被害人及其家庭实施必要的心理干预、经济救助、法律援助、转学安置等保护措施。

第一百一十二条 公安机关、人民检察院、人民法院办理未成年人遭受性侵害或者暴力伤害案件，在询问未成年被害人、证人时，应当采取同步录音录像等措施，尽量一次完成；未成年被害人、证人是女性的，应当由女性工作人员进行。

第一百一十三条 对违法犯罪的未成年人，实行教育、感化、挽救的方针，坚持教育为主、惩罚为辅的原则。

对违法犯罪的未成年人依法处罚后，在升学、就业等方面不得歧视。

第一百一十四条 公安机关、人民检察院、人民法院和司法行政部门发现有关单位未尽到未成年人教育、管理、救助、看护等保护职责的，应当向该单位提出建议。被建议单位应当在一个月内作出书面回复。

第一百一十五条 公安机关、人民检察院、人民法院和司法行政部门应当结合实际，根据涉及未成年人案件的特点，开展未成年人法治宣传教育工作。

第一百一十六条 国家鼓励和支持社会组织、社会工作者参与涉及未成年人案件中未成年人的心理干预、法律援助、社会调查、社会观护、教育矫治、社区矫正等工作。

第八章 法律责任

第一百一十七条 违反本法第十一条第二款规定，未履行报告义务造成严重后果的，由上级主管部门或者所在单位对直接负责的主管人员和其他直接责任人员依法给予处分。

第一百一十八条 未成年人的父母或者其他监护人不依法履行监护职责或者侵犯未成年人合法权益的，由其居住地的居民委员会、村民委员会予以劝诫、制止；情节严重的，居民委员会、村民委员会应当及时向公安机关报告。

公安机关接到报告或者公安机关、人民检察院、人民法院在办理案件过程中发现未成年人的父母或者其他监护人存在上述情形的，应当予以训诫，并可以责令其接受家庭教育指导。

第一百一十九条 学校、幼儿园、婴幼儿照护服务等机构及其教职员工违反本法第二十七条、第二十八条、第三十九条规定的，由公安、教育、卫生健康、市场监督管理等部门按照职责分工责令改正；拒不改正或者情节严重的，对直接负责的主管人员和其他直接责任人员依法给予处分。

第一百二十条 违反本法第四十四条、第四十五条、第四十七条规定，未给予未成年人免费或者优惠待遇的，由市场监督管理、文化和旅游、交通运输等部门按照职责分工责令限期改正，给予警告；拒不改正的，处一万元以上十万元以下罚款。

第一百二十一条 违反本法第五十条、第五十一条规定的，由新闻出版、广播电视、电影、网信等部门按照职责分工责令限期改正，给予警告，没收违法所得，可以并处十万元以下罚款；拒不改正或者情节严重的，责令暂停相关业务、停产停业或者吊销营业执照、吊销相关许可证，违法所得一百万元以上的，并处违法所得一倍以上十倍以下的罚款，没有违法所得或者违法所得不足一百万元的，并处十万元以上一百万元以下罚款。

第一百二十二条 场所运营单位违反本法第五十六条第二款规定、住宿经营者违反本法第五十七条规定的，由市场监督管理、应急管理、公安等部门按照职责分工责令限期改正，给予警告；拒不改正或者造成严重后果的，责令停业整顿或者吊销营业执照、吊销相关许可证，并处一万元以上十万元以下罚款。

第一百二十三条 相关经营者违反本法第五十八条、第五十九条第一款、第六十条规定的，由文化和旅游、市场监督管理、烟草专卖、公安等部门按照职责分工责令限期改正，给予警告，没收违法所得，可以并处五万元以下罚款；拒不改正或者情节严重的，责令停业整顿或者吊销营业执照、吊销相关许可证，可以并处五万元以上五十万元以下罚款。

第一百二十四条 违反本法第五十九条第二款规定，在学校、幼儿园和其他未成年人集中活动的公共场所吸烟、饮酒的，由卫生健康、教育、市场监督管理等部门按照职责分工责令改正，给予警告，可以并处五百元以下罚款；场所管理者未及时制止的，由卫生健康、教育、市场监督管理等部门按照职责分工给予警告，并处一万元以下罚款。

第一百二十五条 违反本法第六十一条规定的，由文化和旅游、人力资源和社会保障、市场监督管理等部门按照职责分工责令限期改正，给予警告，没收违法所得，可以并处十万元以下罚款；拒不改正或者情节严重的，责令停产停业或者吊销营业执照、吊销相关许可证，并处十万元以上一百万元以下罚款。

第一百二十六条 密切接触未成年人的单位违反本法第六十二条规定，未履行查询义务，或者招用、继续聘用具有相关违法犯罪记录人员的，由教育、人力资源和社会保障、市场监督管理等部门按照职责分工责令限期改正，给予警告，并处五万元以下罚款；拒不改正或者造成严重后果的，责令停业整顿或者吊销营业执照、吊销相关许可证，并处五万元以上五十万元以下罚款，对直接负责的主管人员和其他直接责任人员依法给予处分。

第一百二十七条 信息处理者违反本法第七十二条规定，或者网络产品和服务提供者违反本法第七十三条、第七十四条、第七十五条、第七十六条、第七十七条、第八十条规定的，由公安、网信、电信、新闻出版、广播电视、文化和旅游等有关部门按照职责分工责令改正，给予警告，没收违法所得，违法所得一百万元以上的，并处违法所得一倍以上十倍以下罚款，没有违法所得或者违法所得不足一百万元的，并处十万元以上一百万元以下罚款，对直接负责的主管人员和其他责任人员处一万元以上十万元以下罚款；拒不改正或者情节严重的，并可以责令暂停相关业务、停业整顿、关闭网站、吊销营业执照或者吊销相关许可证。

第一百二十八条 国家机关工作人员玩忽职守、滥用职权、徇私舞弊，损害未成年人合法权益的，依法给予处分。

第一百二十九条 违反本法规定，侵犯未成年人合法权益，造成人身、财产或者其他损害的，依法承担民事责任。

违反本法规定，构成违反治安管理行为的，依法给予治安管理处罚；构成犯罪的，依法追究刑事责任。

第九章 附 则

第一百三十条 本法中下列用语的含义：

（一）密切接触未成年人的单位，是指学校、幼儿园等教育机构；校外培训机构；未成年人救助保护机构、儿童福利机构等未成年人安置、救助机构；婴幼儿照护服务机构、早期教育服务机构；校外托管、临时看护机构；家政服务机构；为未成年人提供医疗服务的医疗机构；其他对未成年人负有教育、培训、监护、救助、看护、医疗等职责的企业事业单位、社会组织等。

（二）学校，是指普通中小学、特殊教育学校、中等职业学校、专门学校。

（三）学生欺凌，是指发生在学生之间，一方蓄意或者恶意通过肢体、语言及网络等手段实施欺压、侮辱，造成另一方人身伤害、财产损失或者精神损害的行为。

第一百三十一条 对中国境内未满十八周岁的外国人、无国籍人，依照本法有关规定予以保护。

第一百三十二条 本法自2021年6月1日起施行。

中华人民共和国出口管制法

（2020年10月17日第十三届全国人民代表大会常务委员会第二十二次会议通过 2020年10月17日中华人民共和国主席令第58号公布 自2020年12月1日起施行）

目 录

第一章 总 则
第二章 管制政策、管制清单和管制措施
第一节 一般规定
第二节 两用物项出口管理
第三节 军品出口管理
第三章 监督管理
第四章 法律责任
第五章 附 则

第一章 总 则

第一条 为了维护国家安全和利益，履行防扩散等国际义务，加强和规范出口管制，制定本法。

第二条 国家对两用物项、军品、核以及其他与维护国家安全和利益、履行防扩散等国际义务相关的货物、技术、服务等物项(以下统称管制物项)的出口管制,适用本法。

前款所称管制物项,包括物项相关的技术资料等数据。

本法所称出口管制,是指国家对从中华人民共和国境内向境外转移管制物项,以及中华人民共和国公民、法人和非法人组织向外国组织和个人提供管制物项,采取禁止或者限制性措施。

本法所称两用物项,是指既有民事用途,又有军事用途或者有助于提升军事潜力,特别是可以用于设计、开发、生产或者使用大规模杀伤性武器及其运载工具的货物、技术和服务。

本法所称军品,是指用于军事目的的装备、专用生产设备以及其他相关货物、技术和服务。

本法所称核,是指核材料、核设备、反应堆用非核材料以及相关技术和服务。

第三条 出口管制工作应当坚持总体国家安全观,维护国际和平,统筹安全和发展,完善出口管制管理和服务。

第四条 国家实行统一的出口管制制度,通过制定管制清单、名录或者目录(以下统称管制清单)、实施出口许可等方式进行管理。

第五条 国务院、中央军事委员会承担出口管制职能的部门(以下统称国家出口管制管理部门)按照职责分工负责出口管制工作。国务院、中央军事委员会其他有关部门按照职责分工负责出口管制有关工作。

国家建立出口管制工作协调机制,统筹协调出口管制工作重大事项。国家出口管制管理部门和国务院有关部门应当密切配合,加强信息共享。

国家出口管制管理部门会同有关部门建立出口管制专家咨询机制,为出口管制工作提供咨询意见。

国家出口管制管理部门适时发布有关行业出口管制指南,引导出口经营者建立健全出口管制内部合规制度,规范经营。

省、自治区、直辖市人民政府有关部门依照法律、行政法规的规定负责出口管制有关工作。

第六条 国家加强出口管制国际合作，参与出口管制有关国际规则的制定。

第七条 出口经营者可以依法成立和参加有关的商会、协会等行业自律组织。

有关商会、协会等行业自律组织应当遵守法律、行政法规，按照章程对其成员提供与出口管制有关的服务，发挥协调和自律作用。

第二章 管制政策、管制清单和管制措施

第一节 一般规定

第八条 国家出口管制管理部门会同有关部门制定出口管制政策，其中重大政策应当报国务院批准，或者报国务院、中央军事委员会批准。

国家出口管制管理部门可以对管制物项出口目的国家和地区进行评估，确定风险等级，采取相应的管制措施。

第九条 国家出口管制管理部门依据本法和有关法律、行政法规的规定，根据出口管制政策，按照规定程序会同有关部门制定、调整管制物项出口管制清单，并及时公布。

根据维护国家安全和利益、履行防扩散等国际义务的需要，经国务院批准，或者经国务院、中央军事委员会批准，国家出口管制管理部门可以对出口管制清单以外的货物、技术和服务实施临时管制，并予以公告。临时管制的实施期限不超过二年。临时管制实施期限届满前应当及时进行评估，根据评估结果决定取消临时管制、延长临时管制或者将临时管制物项列入出口管制清单。

第十条 根据维护国家安全和利益、履行防扩散等国际义务

的需要，经国务院批准，或者经国务院、中央军事委员会批准，国家出口管制管理部门会同有关部门可以禁止相关管制物项的出口，或者禁止相关管制物项向特定目的国家和地区、特定组织和个人出口。

第十一条 出口经营者从事管制物项出口，应当遵守本法和有关法律、行政法规的规定；依法需要取得相关管制物项出口经营资格的，应当取得相应的资格。

第十二条 国家对管制物项的出口实行许可制度。

出口管制清单所列管制物项或者临时管制物项，出口经营者应当向国家出口管制管理部门申请许可。

出口管制清单所列管制物项以及临时管制物项之外的货物、技术和服务，出口经营者知道或者应当知道，或者得到国家出口管制管理部门通知，相关货物、技术和服务可能存在以下风险的，应当向国家出口管制管理部门申请许可：

（一）危害国家安全和利益；

（二）被用于设计、开发、生产或者使用大规模杀伤性武器及其运载工具；

（三）被用于恐怖主义目的。

出口经营者无法确定拟出口的货物、技术和服务是否属于本法规定的管制物项，向国家出口管制管理部门提出咨询的，国家出口管制管理部门应当及时答复。

第十三条 国家出口管制管理部门综合考虑下列因素，对出口经营者出口管制物项的申请进行审查，作出准予或者不予许可的决定：

（一）国家安全和利益；

（二）国际义务和对外承诺；

（三）出口类型；

（四）管制物项敏感程度；

（五）出口目的国家或者地区；

（六）最终用户和最终用途；

（七）出口经营者的相关信用记录；

（八）法律、行政法规规定的其他因素。

第十四条 出口经营者建立出口管制内部合规制度，且运行情况良好的，国家出口管制管理部门可以对其出口有关管制物项给予通用许可等便利措施。具体办法由国家出口管制管理部门规定。

第十五条 出口经营者应当向国家出口管制管理部门提交管制物项的最终用户和最终用途证明文件，有关证明文件由最终用户或者最终用户所在国家和地区政府机构出具。

第十六条 管制物项的最终用户应当承诺，未经国家出口管制管理部门允许，不得擅自改变相关管制物项的最终用途或者向任何第三方转让。

出口经营者、进口商发现最终用户或者最终用途有可能改变的，应当按照规定立即报告国家出口管制管理部门。

第十七条 国家出口管制管理部门建立管制物项最终用户和最终用途风险管理制度，对管制物项的最终用户和最终用途进行评估、核查，加强最终用户和最终用途管理。

第十八条 国家出口管制管理部门对有下列情形之一的进口商和最终用户，建立管控名单：

（一）违反最终用户或者最终用途管理要求的；

（二）可能危害国家安全和利益的；

（三）将管制物项用于恐怖主义目的的。

对列入管控名单的进口商和最终用户，国家出口管制管理部门可以采取禁止、限制有关管制物项交易，责令中止有关管制物项出口等必要的措施。

出口经营者不得违反规定与列入管控名单的进口商、最终用户进行交易。出口经营者在特殊情况下确需与列入管控名单的进口商、最终用户进行交易的，可以向国家出口管制管理部门提出申请。

列入管控名单的进口商、最终用户经采取措施，不再有第一款规定情形的，可以向国家出口管制管理部门申请移出管控名单；国家出口管制管理部门可以根据实际情况，决定将列入管控名单的进口商、最终用户移出管控名单。

第十九条 出口货物的发货人或者代理报关企业出口管制货物时，应当向海关交验由国家出口管制管理部门颁发的许可证件，并按照国家有关规定办理报关手续。

出口货物的发货人未向海关交验由国家出口管制管理部门颁发的许可证件，海关有证据表明出口货物可能属于出口管制范围的，应当向出口货物发货人提出质疑；海关可以向国家出口管制管理部门提出组织鉴别，并根据国家出口管制管理部门作出的鉴别结论依法处置。在鉴别或者质疑期间，海关对出口货物不予放行。

第二十条 任何组织和个人不得为出口经营者从事出口管制违法行为提供代理、货运、寄递、报关、第三方电子商务交易平台和金融等服务。

第二节 两用物项出口管理

第二十一条 出口经营者向国家两用物项出口管制管理部门申请出口两用物项时，应当依照法律、行政法规的规定如实提交相关材料。

第二十二条 国家两用物项出口管制管理部门受理两用物项出口申请，单独或者会同有关部门依照本法和有关法律、行政法规的规定对两用物项出口申请进行审查，并在法定期限内作出准予或者不予许可的决定。作出准予许可决定的，由发证机关统一颁发出口许可证。

第三节 军品出口管理

第二十三条 国家实行军品出口专营制度。从事军品出口的经营者，应当获得军品出口专营资格并在核定的经营范围内从事军品出口经营活动。

军品出口专营资格由国家军品出口管制管理部门审查批准。

第二十四条 军品出口经营者应当根据管制政策和产品属性，向国家军品出口管制管理部门申请办理军品出口立项、军品出口项目、军品出口合同审查批准手续。

重大军品出口立项、重大军品出口项目、重大军品出口合同，应当经国家军品出口管制管理部门会同有关部门审查，报国务院、中央军事委员会批准。

第二十五条 军品出口经营者在出口军品前，应当向国家军品出口管制管理部门申请领取军品出口许可证。

军品出口经营者出口军品时，应当向海关交验由国家军品出口管制管理部门颁发的许可证件，并按照国家有关规定办理报关手续。

第二十六条 军品出口经营者应当委托经批准的军品出口运输企业办理军品出口运输及相关业务。具体办法由国家军品出口管制管理部门会同有关部门规定。

第二十七条 军品出口经营者或者科研生产单位参加国际性军品展览，应当按照程序向国家军品出口管制管理部门办理审批手续。

第三章 监督管理

第二十八条 国家出口管制管理部门依法对管制物项出口活动进行监督检查。

国家出口管制管理部门对涉嫌违反本法规定的行为进行调查，可以采取下列措施：

（一）进入被调查者营业场所或者其他有关场所进行检查；

（二）询问被调查者、利害关系人以及其他有关组织或者个人，要求其对与被调查事件有关的事项作出说明；

（三）查阅、复制被调查者、利害关系人以及其他有关组织或者个人的有关单证、协议、会计账簿、业务函电等文件、资料；

（四）检查用于出口的运输工具，制止装载可疑的出口物项，责令运回非法出口的物项；

（五）查封、扣押相关涉案物项；

（六）查询被调查者的银行账户。

采取前款第五项、第六项措施，应当经国家出口管制管理部门负责人书面批准。

第二十九条 国家出口管制管理部门依法履行职责，国务院有关部门、地方人民政府及其有关部门应当予以协助。

国家出口管制管理部门单独或者会同有关部门依法开展监督检查和调查工作，有关组织和个人应当予以配合，不得拒绝、阻碍。

有关国家机关及其工作人员对调查中知悉的国家秘密、商业秘密、个人隐私和个人信息依法负有保密义务。

第三十条 为加强管制物项出口管理，防范管制物项出口违法风险，国家出口管制管理部门可以采取监管谈话、出具警示函等措施。

第三十一条 对涉嫌违反本法规定的行为，任何组织和个人有权向国家出口管制管理部门举报，国家出口管制管理部门接到举报后应当依法及时处理，并为举报人保密。

第三十二条 国家出口管制管理部门根据缔结或者参加的国际条约，或者按照平等互惠原则，与其他国家或者地区、国际组织等开展出口管制合作与交流。

中华人民共和国境内的组织和个人向境外提供出口管制相关信息，应当依法进行；可能危害国家安全和利益的，不得提供。

第四章 法律责任

第三十三条 出口经营者未取得相关管制物项的出口经营资格从事有关管制物项出口的，给予警告，责令停止违法行为，没收违法所得,违法经营额五十万元以上的,并处违法经营额五倍以上十倍以下罚款;没有违法经营额或者违法经营额不足五十万元的,并处五十万元以上五百万元以下罚款。

第三十四条 出口经营者有下列行为之一的,责令停止违法行为,没收违法所得,违法经营额五十万元以上的,并处违法经营额五倍以上十倍以下罚款;没有违法经营额或者违法经营额不足五十万元的,并处五十万元以上五百万元以下罚款;情节严重的,责令停业整顿,直至吊销相关管制物项出口经营资格:

(一)未经许可擅自出口管制物项;

(二)超出出口许可证件规定的许可范围出口管制物项;

(三)出口禁止出口的管制物项。

第三十五条 以欺骗、贿赂等不正当手段获取管制物项出口许可证件,或者非法转让管制物项出口许可证件的,撤销许可,收缴出口许可证,没收违法所得,违法经营额二十万元以上的,并处违法经营额五倍以上十倍以下罚款;没有违法经营额或者违法经营额不足二十万元的,并处二十万元以上二百万元以下罚款。

伪造、变造、买卖管制物项出口许可证件的,没收违法所得,违法经营额五万元以上的,并处违法经营额五倍以上十倍以下罚款;没有违法经营额或者违法经营额不足五万元的,并处五万元以上五十万元以下罚款。

第三十六条 明知出口经营者从事出口管制违法行为仍为其提供代理、货运、寄递、报关、第三方电子商务交易平台和金融等服务的,给予警告,责令停止违法行为,没收违法所得,违法经营额十万元以上的,并处违法经营额三倍以上五倍以下罚款;没有违法经营额或者违法经营额不足十万元的,并处十万元以上五十万元以下罚款。

第三十七条 出口经营者违反本法规定与列入管控名单的进口商、最终用户进行交易的,给予警告,责令停止违法行为,没收违法所得,违法经营额五十万元以上的,并处违法经营额十倍以上二十倍以下罚款;没有违法经营额或者违法经营额不足五十万元的,并处五十万元以上五百万元以下罚款;情节严重的,责令停业整顿,直至吊销相关管制物项出口经营资格。

第三十八条 出口经营者拒绝、阻碍监督检查的,给予警告,并处十万元以上三十万元以下罚款;情节严重的,责令停业整顿,直至吊销相关管制物项出口经营资格。

第三十九条 违反本法规定受到处罚的出口经营者,自处罚决定生效之日起,国家出口管制管理部门可以在五年内不受理其提出的出口许可申请;对其直接负责的主管人员和其他直接责任人员,可以禁止其在五年内从事有关出口经营活动,因出口管制违法行为受到刑事处罚的,终身不得从事有关出口经营活动。

国家出口管制管理部门依法将出口经营者违反本法的情况纳入信用记录。

第四十条 本法规定的出口管制违法行为,由国家出口管制管理部门进行处罚;法律、行政法规规定由海关处罚的,由其依照本法进行处罚。

第四十一条 有关组织或者个人对国家出口管制管理部门的不予许可决定不服的,可以依法申请行政复议。行政复议决定为最终裁决。

第四十二条 从事出口管制管理的国家工作人员玩忽职守、徇私舞弊、滥用职权的,依法给予处分。

第四十三条 违反本法有关出口管制管理规定,危害国家安全和利益的,除依照本法规定处罚外,还应当依照有关法律、行政法规的规定进行处理和处罚。

违反本法规定,出口国家禁止出口的管制物项或者未经许可出口管制物项的,依法追究刑事责任。

第四十四条 中华人民共和国境外的组织和个人,违反本法有关出口管制管理规定,危害中华人民共和国国家安全和利益,妨碍履行防扩散等国际义务的,依法处理并追究其法律责任。

第五章　附　　则

第四十五条　管制物项的过境、转运、通运、再出口或者从保税区、出口加工区等海关特殊监管区域和出口监管仓库、保税物流中心等保税监管场所向境外出口，依照本法的有关规定执行。

第四十六条　核以及其他管制物项的出口，本法未作规定的，依照有关法律、行政法规的规定执行。

第四十七条　用于武装力量海外运用、对外军事交流、军事援助等的军品出口，依照有关法律法规的规定执行。

第四十八条　任何国家或者地区滥用出口管制措施危害中华人民共和国国家安全和利益的，中华人民共和国可以根据实际情况对该国家或者地区对等采取措施。

第四十九条　本法自2020年12月1日起施行。

全国人民代表大会常务委员会关于修改《中华人民共和国国旗法》的决定

（2020年10月17日第十三届全国人民代表大会常务委员会第二十二次会议通过　2020年10月17日中华人民共和国主席令第59号公布　自2021年1月1日起施行）

第十三届全国人民代表大会常务委员会第二十二次会议决定对《中华人民共和国国旗法》作如下修改：

一、将第一条修改为："为了维护国旗的尊严，规范国旗的使用，增强公民的国家观念，弘扬爱国主义精神，培育和践行社会主义核心价值观，根据宪法，制定本法。"

二、增加一条，作为第三条："国旗的通用尺度为国旗制法说明中所列明的五种尺度。特殊情况使用其他尺度的国旗，应当按照通用尺度成比例适当放大或者缩小。

"国旗、旗杆的尺度比例应当适当，并与使用目的、周围建筑、周边环境相适应。"

三、将第四条改为第二十二条，修改为："国务院办公厅统筹协调全国范围内国旗管理有关工作。地方各级人民政府统筹协调本行政区域内国旗管理有关工作。

"各级人民政府市场监督管理部门对国旗的制作和销售实施监督管理。

"县级人民政府确定的部门对本行政区域内国旗的升挂、使用和收回实施监督管理。

"外交部、国务院交通主管部门、中央军事委员会有关部门对各自管辖范围内国旗的升挂、使用和收回实施监督管理。"

四、将第五条第二项修改为："（二）中国共产党中央委员会，全国人民代表大会常务委员会，国务院，中央军事委员会，中国共产党中央纪律检查委员会、国家监察委员会，最高人民法院，最高人民检察院；

中国人民政治协商会议全国委员会"。

五、将第六条修改为："下列机构所在地应当在工作日升挂国旗：

"（一）中国共产党中央各部门和地方各级委员会；

"（二）国务院各部门；

"（三）地方各级人民代表大会常务委员会；

"（四）地方各级人民政府；

"（五）中国共产党地方各级纪律检查委员会、地方各级监察委员会；

"（六）地方各级人民法院和专门人民法院；

"（七）地方各级人民检察院和专门人民检察院；

"（八）中国人民政治协商会议地方各级委员会；

“（九）各民主党派、各人民团体；

“（十）中央人民政府驻香港特别行政区有关机构、中央人民政府驻澳门特别行政区有关机构。

“学校除寒假、暑假和休息日外，应当每日升挂国旗。有条件的幼儿园参照学校的规定升挂国旗。

“图书馆、博物馆、文化馆、美术馆、科技馆、纪念馆、展览馆、体育馆、青少年宫等公共文化体育设施应当在开放日升挂、悬挂国旗。”

六、将第七条修改为：“国庆节、国际劳动节、元旦、春节和国家宪法日等重要节日、纪念日，各级国家机关、各人民团体以及大型广场、公园等公共活动场所应当升挂国旗；企业事业组织，村民委员会、居民委员会，居民院（楼、小区）有条件的应当升挂国旗。

“民族自治地方在民族自治地方成立纪念日和主要传统民族节日应当升挂国旗。

“举行宪法宣誓仪式时，应当在宣誓场所悬挂国旗。”

七、增加一条，作为第九条：“国家倡导公民和组织在适宜的场合使用国旗及其图案，表达爱国情感。

“公民和组织在网络中使用国旗图案，应当遵守相关网络管理规定，不得损害国旗尊严。

“网络使用的国旗图案标准版本在中国人大网和中国政府网上发布。”

八、将第十条改为第十一条，修改为：“中国人民解放军和中国人民武装警察部队升挂、使用国旗的办法，由中央军事委员会规定。”

九、将第十一条改为第十二条，第二款修改为：“执行出入境边防检查、边境管理、治安任务的船舶升挂国旗的办法，由国务院公安部门规定。”

增加一款，作为第三款：“国家综合性消防救援队伍的船舶升挂国旗的办法，由国务院应急管理部门规定。”

十、将第十三条改为第十四条，第二款修改为："举行升旗仪式时，应当奏唱国歌。在国旗升起的过程中，在场人员应当面向国旗肃立，行注目礼或者按照规定要求敬礼，不得有损害国旗尊严的行为。"

增加一款，作为第三款："北京天安门广场每日举行升旗仪式。"

将第三款改为第四款，修改为："学校除假期外，每周举行一次升旗仪式。"

十一、将第十四条改为第十五条，第二款、第三款修改为："举行国家公祭仪式或者发生严重自然灾害、突发公共卫生事件以及其他不幸事件造成特别重大伤亡的，可以在全国范围内下半旗志哀，也可以在部分地区或者特定场所下半旗志哀。

"依照本条第一款第三项、第四项和第二款的规定下半旗，由国务院有关部门或者省、自治区、直辖市人民政府报国务院决定。"

十二、增加一条，作为第十六条："下列人士逝世，举行哀悼仪式时，其遗体、灵柩或者骨灰盒可以覆盖国旗：

"（一）本法第十五条第一款第一项至第三项规定的人士；

"（二）烈士；

"（三）国家规定的其他人士。

"覆盖国旗时，国旗不得触及地面，仪式结束后应当将国旗收回保存。"

十三、将第十七条改为第十九条，修改为："不得升挂或者使用破损、污损、褪色或者不合规格的国旗，不得倒挂、倒插或者以其他有损国旗尊严的方式升挂、使用国旗。

"不得随意丢弃国旗。破损、污损、褪色或者不合规格的国旗应当按照国家有关规定收回、处置。大型群众性活动结束后，活动主办方应当收回或者妥善处置活动现场使用的国旗。"

十四、将第十八条改为第二十条，修改为："国旗及其图案不得用作商标、授予专利权的外观设计和商业广告，不得用于私人丧事活动等不适宜的情形。"

十五、增加一条，作为第二十一条："国旗应当作为爱国主义教育的重要内容。

"中小学应当教育学生了解国旗的历史和精神内涵、遵守国旗升挂使用规范和升旗仪式礼仪。

"新闻媒体应当积极宣传国旗知识，引导公民和组织正确使用国旗及其图案。"

本决定自2021年1月1日起施行。

《中华人民共和国国旗法》根据本决定作相应修改并对条文顺序作相应调整，重新公布。

中华人民共和国国旗法

（1990年6月28日第七届全国人民代表大会常务委员会第十四次会议通过　根据2009年8月27日第十一届全国人民代表大会常务委员会第十次会议《关于修改部分法律的决定》第一次修正　根据2020年10月17日第十三届全国人民代表大会常务委员会第二十二次会议《关于修改〈中华人民共和国国旗法〉的决定》第二次修正）

第一条　为了维护国旗的尊严，规范国旗的使用，增强公民的国家观念，弘扬爱国主义精神，培育和践行社会主义核心价值观，根据宪法，制定本法。

第二条　中华人民共和国国旗是五星红旗。

中华人民共和国国旗按照中国人民政治协商会议第一届全体会议主席团公布的国旗制法说明制作。

第三条　国旗的通用尺度为国旗制法说明中所列明的五种尺度。特殊情况使用其他尺度的国旗，应当按照通用尺度成比例适当放大或者缩小。

国旗、旗杆的尺度比例应当适当，并与使用目的、周围建筑、周边环境相适应。

第四条 中华人民共和国国旗是中华人民共和国的象征和标志。

每个公民和组织，都应当尊重和爱护国旗。

第五条 下列场所或者机构所在地，应当每日升挂国旗：

（一）北京天安门广场、新华门；

（二）中国共产党中央委员会，全国人民代表大会常务委员会，国务院，中央军事委员会，中国共产党中央纪律检查委员会、国家监察委员会，最高人民法院，最高人民检察院；

中国人民政治协商会议全国委员会；

（三）外交部；

（四）出境入境的机场、港口、火车站和其他边境口岸，边防海防哨所。

第六条 下列机构所在地应当在工作日升挂国旗：

（一）中国共产党中央各部门和地方各级委员会；

（二）国务院各部门；

（三）地方各级人民代表大会常务委员会；

（四）地方各级人民政府；

（五）中国共产党地方各级纪律检查委员会、地方各级监察委员会；

（六）地方各级人民法院和专门人民法院；

（七）地方各级人民检察院和专门人民检察院；

（八）中国人民政治协商会议地方各级委员会；

（九）各民主党派、各人民团体；

（十）中央人民政府驻香港特别行政区有关机构、中央人民政府驻澳门特别行政区有关机构。

学校除寒假、暑假和休息日外，应当每日升挂国旗。有条件的幼儿园参照学校的规定升挂国旗。

图书馆、博物馆、文化馆、美术馆、科技馆、纪念馆、展览馆、体育馆、青少年宫等公共文化体育设施应当在开放日升挂、悬挂国旗。

第七条 国庆节、国际劳动节、元旦、春节和国家宪法日等重要节日、纪念日，各级国家机关、各人民团体以及大型广场、公园等公共活动场所应当升挂国旗；企业事业组织，村民委员会、居民委员会，居民院（楼、小区）有条件的应当升挂国旗。

民族自治地方在民族自治地方成立纪念日和主要传统民族节日应当升挂国旗。

举行宪法宣誓仪式时，应当在宣誓场所悬挂国旗。

第八条 举行重大庆祝、纪念活动，大型文化、体育活动，大型展览会，可以升挂国旗。

第九条 国家倡导公民和组织在适宜的场合使用国旗及其图案，表达爱国情感。

公民和组织在网络中使用国旗图案，应当遵守相关网络管理规定，不得损害国旗尊严。

网络使用的国旗图案标准版本在中国人大网和中国政府网上发布。

第十条 外交活动以及国家驻外使馆领馆和其他外交代表机构升挂、使用国旗的办法，由外交部规定。

第十一条 中国人民解放军和中国人民武装警察部队升挂、使用国旗的办法，由中央军事委员会规定。

第十二条 民用船舶和进入中国领水的外国船舶升挂国旗的办法，由国务院交通主管部门规定。

执行出入境边防检查、边境管理、治安任务的船舶升挂国旗的办法，由国务院公安部门规定。

国家综合性消防救援队伍的船舶升挂国旗的办法，由国务院应急管理部门规定。

第十三条 依照本法第五条、第六条、第七条的规定升挂国旗的，应当早晨升起，傍晚降下。

依照本法规定应当升挂国旗的，遇有恶劣天气，可以不升挂。

第十四条 升挂国旗时，可以举行升旗仪式。

举行升旗仪式时，应当奏唱国歌。在国旗升起的过程中，在场人员应当面向国旗肃立，行注目礼或者按照规定要求敬礼，不得有损害国旗尊严的行为。

北京天安门广场每日举行升旗仪式。

学校除假期外，每周举行一次升旗仪式。

第十五条 下列人士逝世，下半旗志哀：

（一）中华人民共和国主席、全国人民代表大会常务委员会委员长、国务院总理、中央军事委员会主席；

（二）中国人民政治协商会议全国委员会主席；

（三）对中华人民共和国作出杰出贡献的人；

（四）对世界和平或者人类进步事业作出杰出贡献的人。

举行国家公祭仪式或者发生严重自然灾害、突发公共卫生事件以及其他不幸事件造成特别重大伤亡的，可以在全国范围内下半旗志哀，也可以在部分地区或者特定场所下半旗志哀。

依照本条第一款第三项、第四项和第二款的规定下半旗，由国务院有关部门或者省、自治区、直辖市人民政府报国务院决定。

依照本条规定下半旗的日期和场所，由国家成立的治丧机构或者国务院决定。

第十六条 下列人士逝世，举行哀悼仪式时，其遗体、灵柩或者骨灰盒可以覆盖国旗：

（一）本法第十五条第一款第一项至第三项规定的人士；

（二）烈士；

（三）国家规定的其他人士。

覆盖国旗时，国旗不得触及地面，仪式结束后应当将国旗收回保存。

第十七条 升挂国旗，应当将国旗置于显著的位置。

列队举持国旗和其他旗帜行进时，国旗应当在其他旗帜之前。

国旗与其他旗帜同时升挂时，应当将国旗置于中心、较高或者突出的位置。

在外事活动中同时升挂两个以上国家的国旗时，应当按照外交部的规定或者国际惯例升挂。

第十八条 在直立的旗杆上升降国旗，应当徐徐升降。升起时，必须将国旗升至杆顶；降下时，不得使国旗落地。

下半旗时，应当先将国旗升至杆顶，然后降至旗顶与杆顶之间的距离为旗杆全长的三分之一处；降下时，应当先将国旗升至杆顶，然后再降下。

第十九条 不得升挂或者使用破损、污损、褪色或者不合规格的国旗，不得倒挂、倒插或者以其他有损国旗尊严的方式升挂、使用国旗。

不得随意丢弃国旗。破损、污损、褪色或者不合规格的国旗应当按照国家有关规定收回、处置。大型群众性活动结束后，活动主办方应当收回或者妥善处置活动现场使用的国旗。

第二十条 国旗及其图案不得用作商标、授予专利权的外观设计和商业广告，不得用于私人丧事活动等不适宜的情形。

第二十一条 国旗应当作为爱国主义教育的重要内容。

中小学应当教育学生了解国旗的历史和精神内涵、遵守国旗升挂使用规范和升旗仪式礼仪。

新闻媒体应当积极宣传国旗知识，引导公民和组织正确使用国旗及其图案。

第二十二条 国务院办公厅统筹协调全国范围内国旗管理有关工作。地方各级人民政府统筹协调本行政区域内国旗管理有关工作。

各级人民政府市场监督管理部门对国旗的制作和销售实施监督管理。

县级人民政府确定的部门对本行政区域内国旗的升挂、使用和收回实施监督管理。

外交部、国务院交通主管部门、中央军事委员会有关部门对各自管辖范围内国旗的升挂、使用和收回实施监督管理。

第二十三条 在公众场合故意以焚烧、毁损、涂划、玷污、践踏等方式侮辱中华人民共和国国旗的，依法追究刑事责任；情节较轻的，由公安机关处以十五日以下拘留。

第二十四条 本法自1990年10月1日起施行。

附：

国旗制法说明

（1949年9月28日中国人民政治协商会议第一届全体会议主席团公布）

国旗的形状、颜色两面相同，旗上五星两面相对。为便利计，本件仅以旗杆在左之一面为说明之标准。对于旗杆在右之一面，凡本件所称左均应改右，所称右均应改左。

（一）旗面为红色，长方形，其长与高为三与二之比，旗面左上方缀黄色五角星五颗。一星较大，其外接圆直径为旗高十分之三，居左；四星较小，其外接圆直径为旗高十分之一，环拱于大星之右。旗杆套为白色。

（二）五星之位置与画法如下：

甲、为便于确定五星之位置，先将旗面对分为四个相等的长方形，将左上方之长方形上下划为十等分，左右划为十五等分。

乙、大五角星的中心点，在该长方形上五下五、左五右十之处。其画法为：以此点为圆心，以三等分为半径作一圆。在此圆周上，定出五个等距离的点，其一点须位于圆之正上方。然后将此五点中各相隔的两点相联，使各成一直线。此五直线所构成之外轮廓线，即为所需之大五角星。五角星之一个角尖正向上方。

丙、四颗小五角星的中心点，第一点在该长方形上二下八、左十右五之处，第二点在上四下六、左十二右三之处，第三点在上七下三、左十二右三之处，第四点在上九下一、左十右五之处。其画法为：以以上四点为圆心，各以一等分为半径，分别作四个圆。在每个圆上各定出五个等距离的点，其中均须各有一点位于大五角星中心点与以上四个圆心的各联结线上。然后用构成大五角星的同样方法，构成小五角星。此四颗小五角星均各有一个角尖正对大五角星的中心点。

（三）国旗之通用尺度定为如下五种，各界酌情选用：

甲、长 288 公分，高 192 公分。

乙、长 240 公分，高 160 公分。

丙、长 192 公分，高 128 公分。

丁、长 144 公分，高 96 公分。

戊、长 96 公分，高 64 公分。

国旗制法图案

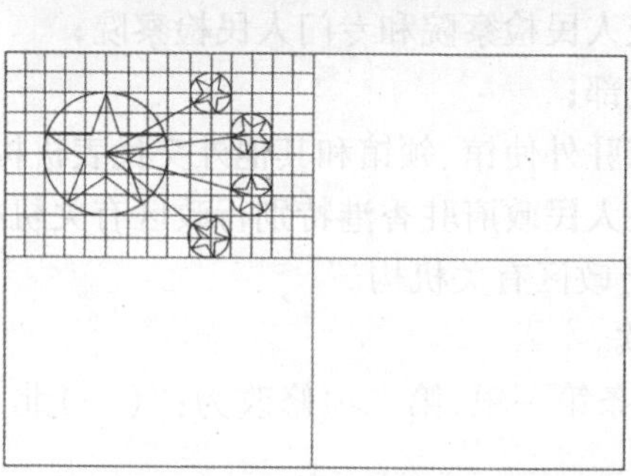

全国人民代表大会常务委员会关于修改《中华人民共和国国徽法》的决定

（2020年10月17日第十三届全国人民代表大会常务委员会第二十二次会议通过　2020年10月17日中华人民共和国主席令第60号公布　自2021年1月1日起施行）

第十三届全国人民代表大会常务委员会第二十二次会议决定对《中华人民共和国国徽法》作如下修改：

一、将第一条修改为："为了维护国徽的尊严，正确使用国徽，增强公民的国家观念，弘扬爱国主义精神，培育和践行社会主义核心价值观，根据宪法，制定本法。"

二、将第四条第一款修改为："下列机构应当悬挂国徽：

"（一）各级人民代表大会常务委员会；

"（二）各级人民政府；

"（三）中央军事委员会；

"（四）各级监察委员会；

"（五）各级人民法院和专门人民法院；

"（六）各级人民检察院和专门人民检察院；

"（七）外交部；

"（八）国家驻外使馆、领馆和其他外交代表机构；

"（九）中央人民政府驻香港特别行政区有关机构、中央人民政府驻澳门特别行政区有关机构。"

删去第二款。

三、将第五条第一项、第二项修改为："（一）北京天安门城楼、人民大会堂；

“（二）县级以上各级人民代表大会及其常务委员会会议厅，乡、民族乡、镇的人民代表大会会场”。

增加一项，作为第四项：“（四）宪法宣誓场所”。

四、将第六条第一项修改为：“（一）全国人民代表大会常务委员会，国务院，中央军事委员会，国家监察委员会，最高人民法院，最高人民检察院”。

第三项修改为：“（三）县级以上地方各级人民代表大会常务委员会、人民政府、监察委员会、人民法院、人民检察院，专门人民法院，专门人民检察院”。

五、增加一条，作为第七条：“本法第六条规定的机构应当在其网站首页显著位置使用国徽图案。

“网站使用的国徽图案标准版本在中国人大网和中国政府网上发布。”

六、将第七条改为第八条，第二项修改为：“（二）中华人民共和国主席、副主席，全国人民代表大会常务委员会委员长、副委员长，国务院总理、副总理、国务委员，中央军事委员会主席、副主席，国家监察委员会主任，最高人民法院院长和最高人民检察院检察长以职务名义对外使用的信封、信笺、请柬等”。

七、增加一条，作为第九条：“标示国界线的界桩、界碑和标示领海基点方位的标志碑以及其他用于显示国家主权的标志物可以使用国徽图案。

“中国人民银行发行的法定货币可以使用国徽图案。”

八、增加一条，作为第十条：“下列证件、证照可以使用国徽图案：

“（一）国家机关工作人员的工作证件、执法证件等；

“（二）国家机关颁发的营业执照、许可证书、批准证书、资格证书、权利证书等；

“（三）居民身份证，中华人民共和国护照等法定出入境证件。

“国家机关和武装力量的徽章可以将国徽图案作为核心图案。

“公民在庄重的场合可以佩戴国徽徽章，表达爱国情感。”

九、将第十条改为第十三条，第一项、第二项修改为：

“（一）商标、授予专利权的外观设计、商业广告；

“（二）日常用品、日常生活的陈设布置”。

十、增加一条，作为第十五条：“国徽应当作为爱国主义教育的重要内容。

“中小学应当教育学生了解国徽的历史和精神内涵。

“新闻媒体应当积极宣传国徽知识，引导公民和组织正确使用国徽及其图案。”

十一、将第十二条改为第十六条，第二款修改为：“需要悬挂非通用尺度国徽的，应当按照通用尺度成比例适当放大或者缩小，并与使用目的、所在建筑物、周边环境相适应。”

十二、将第十四条改为第十七条，修改为：“国务院办公厅统筹协调全国范围内国徽管理有关工作。地方各级人民政府统筹协调本行政区域内国徽管理有关工作。

“各级人民政府市场监督管理部门对国徽的制作和销售实施监督管理。

“县级人民政府确定的部门对本行政区域内国徽的悬挂、使用和收回实施监督管理。”

本决定自 2021 年 1 月 1 日起施行。

《中华人民共和国国徽法》根据本决定作相应修改并对条文顺序作相应调整，重新公布。

中华人民共和国国徽法

（1991 年 3 月 2 日第七届全国人民代表大会常务委员会第十八次会议通过　根据 2009 年 8 月 27 日第十一届全国人民代表大会常务委员会第十次会议《关于修改部分法律的决定》第一次修正　根据 2020 年 10 月 17 日第十三届全国人民代表大会常务委员会第二十二次会议《关于修改〈中华人民共和国国徽法〉的决定》第二次修正）

第一条　为了维护国徽的尊严，正确使用国徽，增强公民的国家观念，弘扬爱国主义精神，培育和践行社会主义核心价值观，根据宪法，制定本法。

第二条　中华人民共和国国徽，中间是五星照耀下的天安门，周围是谷穗和齿轮。

中华人民共和国国徽按照 1950 年中央人民政府委员会通过的《中华人民共和国国徽图案》和中央人民政府委员会办公厅公布的《中华人民共和国国徽图案制作说明》制作。

第三条　中华人民共和国国徽是中华人民共和国的象征和标志。

一切组织和公民，都应当尊重和爱护国徽。

第四条　下列机构应当悬挂国徽：

（一）各级人民代表大会常务委员会；

（二）各级人民政府；

（三）中央军事委员会；

（四）各级监察委员会；

（五）各级人民法院和专门人民法院；

（六）各级人民检察院和专门人民检察院；

（七）外交部；

（八）国家驻外使馆、领馆和其他外交代表机构；

（九）中央人民政府驻香港特别行政区有关机构、中央人民政府驻澳门特别行政区有关机构。

国徽应当悬挂在机关正门上方正中处。

第五条 下列场所应当悬挂国徽：

（一）北京天安门城楼、人民大会堂；

（二）县级以上各级人民代表大会及其常务委员会会议厅，乡、民族乡、镇的人民代表大会会场；

（三）各级人民法院和专门人民法院的审判庭；

（四）宪法宣誓场所；

（五）出境入境口岸的适当场所。

第六条 下列机构的印章应当刻有国徽图案：

（一）全国人民代表大会常务委员会，国务院，中央军事委员会，国家监察委员会，最高人民法院，最高人民检察院；

（二）全国人民代表大会各专门委员会和全国人民代表大会常务委员会办公厅、工作委员会，国务院各部、各委员会、各直属机构、国务院办公厅以及国务院规定应当使用刻有国徽图案印章的办事机构，中央军事委员会办公厅以及中央军事委员会规定应当使用刻有国徽图案印章的其他机构；

（三）县级以上地方各级人民代表大会常务委员会、人民政府、监察委员会、人民法院、人民检察院，专门人民法院，专门人民检察院；

（四）国家驻外使馆、领馆和其他外交代表机构。

第七条 本法第六条规定的机构应当在其网站首页显著位置使用国徽图案。

网站使用的国徽图案标准版本在中国人大网和中国政府网上发布。

第八条 下列文书、出版物等应当印有国徽图案：

（一）全国人民代表大会常务委员会、中华人民共和国主席和国务院颁发的荣誉证书、任命书、外交文书；

（二）中华人民共和国主席、副主席，全国人民代表大会常务委员会委员长、副委员长，国务院总理、副总理、国务委员，中央军事委员会主席、副主席，国家监察委员会主任，最高人民法院院长和最高人民检察院检察长以职务名义对外使用的信封、信笺、请柬等；

（三）全国人民代表大会常务委员会公报、国务院公报、最高人民法院公报和最高人民检察院公报的封面；

（四）国家出版的法律、法规正式版本的封面。

第九条 标示国界线的界桩、界碑和标示领海基点方位的标志碑以及其他用于显示国家主权的标志物可以使用国徽图案。

中国人民银行发行的法定货币可以使用国徽图案。

第十条 下列证件、证照可以使用国徽图案：

（一）国家机关工作人员的工作证件、执法证件等；

（二）国家机关颁发的营业执照、许可证书、批准证书、资格证书、权利证书等；

（三）居民身份证，中华人民共和国护照等法定出入境证件。

国家机关和武装力量的徽章可以将国徽图案作为核心图案。

公民在庄重的场合可以佩戴国徽徽章，表达爱国情感。

第十一条 外事活动和国家驻外使馆、领馆以及其他外交代表机构对外使用国徽图案的办法，由外交部规定，报国务院批准后施行。

第十二条 在本法规定的范围以外需要悬挂国徽或者使用国徽图案的，由全国人民代表大会常务委员会办公厅或者国务院办公厅会同有关主管部门规定。

第十三条 国徽及其图案不得用于：

（一）商标、授予专利权的外观设计、商业广告；

（二）日常用品、日常生活的陈设布置；

（三）私人庆吊活动；

（四）国务院办公厅规定不得使用国徽及其图案的其他场合。

第十四条 不得悬挂破损、污损或者不合规格的国徽。

第十五条 国徽应当作为爱国主义教育的重要内容。

中小学应当教育学生了解国徽的历史和精神内涵。

新闻媒体应当积极宣传国徽知识，引导公民和组织正确使用国徽及其图案。

第十六条 悬挂的国徽由国家指定的企业统一制作，其直径的通用尺度为下列三种：

（一）一百厘米；

（二）八十厘米；

（三）六十厘米。

需要悬挂非通用尺度国徽的，应当按照通用尺度成比例适当放大或者缩小，并与使用目的、所在建筑物、周边环境相适应。

第十七条 国务院办公厅统筹协调全国范围内国徽管理有关工作。地方各级人民政府统筹协调本行政区域内国徽管理有关工作。

各级人民政府市场监督管理部门对国徽的制作和销售实施监督管理。

县级人民政府确定的部门对本行政区域内国徽的悬挂、使用和收回实施监督管理。

第十八条 在公共场合故意以焚烧、毁损、涂划、玷污、践踏等方式侮辱中华人民共和国国徽的，依法追究刑事责任；情节较轻的，由公安机关处以十五日以下拘留。

第十九条 本法自 1991 年 10 月 1 日起施行。

附件：

中华人民共和国国徽图案制作说明

（1950 年 9 月 20 日中央人民政府委员会办公厅公布）

一、两把麦稻组成正圆形的环。齿轮安在下方麦稻杆的交叉点上。齿轮的中心交结着红绶。红绶向左右绾住麦稻而下垂，把齿轮分成上下两部。

二、从图案正中垂直画一直线，其左右两部分，完全对称。

三、图案各部分之地位、尺寸，可根据方格墨线图之比例，放大或缩小。

四、如制作浮雕，其各部位之高低，可根据断面图之比例放大或缩小。

五、国徽之涂色为金红二色：麦稻、五星、天安门、齿轮为金色，圆环内之底子及垂绶为红色；红为正红（同于国旗），金为大赤金（淡色而有光泽之金）。

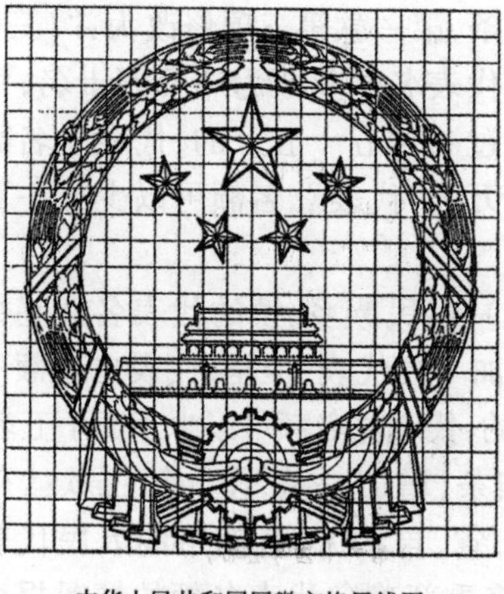

中华人民共和国国徽方格墨线图

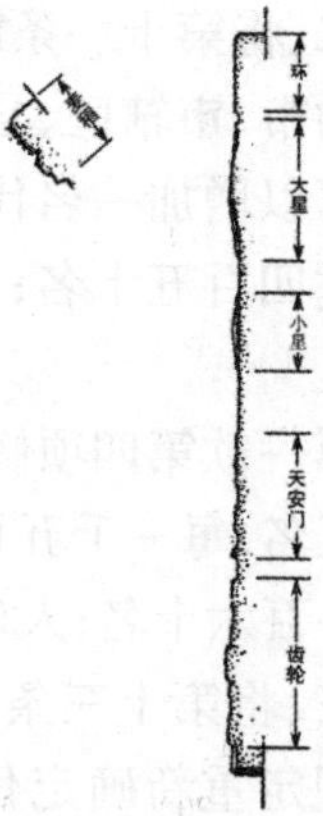

中华人民共和国国徽纵断面图

全国人民代表大会常务委员会关于修改《中华人民共和国全国人民代表大会和地方各级人民代表大会选举法》的决定

（2020年10月17日第十三届全国人民代表大会常务委员会第二十二次会议通过　2020年10月17日中华人民共和国主席令第61号公布　自2020年10月18日起施行）

第十三届全国人民代表大会常务委员会第二十二次会议决定对《中华人民共和国全国人民代表大会和地方各级人民代表大会选举法》作如下修改：

一、增加一条，作为第二条："全国人民代表大会和地方各级人民代表大会代表的选举工作，坚持中国共产党的领导，坚持充分发扬民主，坚持严格依法办事。"

二、将第十一条改为第十二条，第一款第三项修改为："（三）不设区的市、市辖区、县、自治县的代表名额基数为一百四十名，每五千人可以增加一名代表；人口超过一百五十五万的，代表总名额不得超过四百五十名；人口不足五万的，代表总名额可以少于一百四十名"。

第一款第四项修改为："（四）乡、民族乡、镇的代表名额基数为四十五名，每一千五百人可以增加一名代表；但是，代表总名额不得超过一百六十名；人口不足二千的，代表总名额可以少于四十五名。"

三、将第十三条改为第十四条，增加一款，作为第二款："依照前款规定重新确定代表名额的，省、自治区、直辖市的人民代表大会常务委员会应当在三十日内将重新确定代表名额的情况报全国人民代表大会常务委员会备案。"

四、将第五十七条改为第五十八条，第二款修改为："国家工作人员有前款所列行为的，还应当由监察机关给予政务处分或者由所在机关、单位给予处分。"

不设区的市、市辖区、县、自治县、乡、民族乡、镇的人民代表大会的代表名额根据本决定重新确定。

本决定自2020年10月18日起施行。

《中华人民共和国全国人民代表大会和地方各级人民代表大会选举法》根据本决定作相应修改，并对条文顺序作相应调整，重新公布。

中华人民共和国全国人民代表大会和地方各级人民代表大会选举法

（1979年7月1日第五届全国人民代表大会第二次会议通过　根据1982年12月10日第五届全国人民代表大会第五次会议《关于修改〈中华人民共和国全国人民代表大会和地方各级人民代表大会选举法〉的若干规定的决议》第一次修正　根据1986年12月2日第六届全国人民代表大会常务委员会第十八次会议《关于修改〈中华人民共和国全国人民代表大会和地方各级人民代表大会选举法〉的决定》第二次修正　根据1995年2月28日第八届全国人民代表大会常务委员会第十二次会议《关于修改〈中华人民共和国全国人民代表大会和地方各级人民代表大会选举法〉的决定》第三次修正　根据2004年10月27日第十届全国人民代表大会常务委员会第十二次会议《关于修改〈中华人民共和国全国人民代表大会和地方各级人民代表大会选举法〉的决定》第四次修正　根据2010年3月14日第十一届全国人民代表大会第三次会

议《关于修改〈中华人民共和国全国人民代表大会和地方各级人民代表大会选举法〉的决定》第五次修正　根据2015年8月29日第十二届全国人民代表大会常务委员会第十六次会议《关于修改〈中华人民共和国地方各级人民代表大会和地方各级人民政府组织法〉、〈中华人民共和国全国人民代表大会和地方各级人民代表大会选举法〉、〈中华人民共和国全国人民代表大会和地方各级人民代表大会代表法〉的决定》第六次修正　根据2020年10月17日第十三届全国人民代表大会常务委员会第二十二次会议《关于修改〈中华人民共和国全国人民代表大会和地方各级人民代表大会选举法〉的决定》第七次修正）

目　　录

第一章　总　　则
第二章　选举机构
第三章　地方各级人民代表大会代表名额
第四章　全国人民代表大会代表名额
第五章　各少数民族的选举
第六章　选区划分
第七章　选民登记
第八章　代表候选人的提出
第九章　选举程序
第十章　对代表的监督和罢免、辞职、补选
第十一章　对破坏选举的制裁
第十二章　附　　则

第一章　总　　则

第一条　根据中华人民共和国宪法，制定全国人民代表大会和地方各级人民代表大会选举法。

第二条　全国人民代表大会和地方各级人民代表大会代表的选举工作，坚持中国共产党的领导，坚持充分发扬民主，坚持严格依法办事。

第三条　全国人民代表大会的代表，省、自治区、直辖市、设区的市、自治州的人民代表大会的代表，由下一级人民代表大会选举。

不设区的市、市辖区、县、自治县、乡、民族乡、镇的人民代表大会的代表，由选民直接选举。

第四条　中华人民共和国年满十八周岁的公民，不分民族、种族、性别、职业、家庭出身、宗教信仰、教育程度、财产状况和居住期限，都有选举权和被选举权。

依照法律被剥夺政治权利的人没有选举权和被选举权。

第五条　每一选民在一次选举中只有一个投票权。

第六条　人民解放军单独进行选举，选举办法另订。

第七条　全国人民代表大会和地方各级人民代表大会的代表应当具有广泛的代表性，应当有适当数量的基层代表，特别是工人、农民和知识分子代表；应当有适当数量的妇女代表，并逐步提高妇女代表的比例。

全国人民代表大会和归侨人数较多地区的地方人民代表大会，应当有适当名额的归侨代表。

旅居国外的中华人民共和国公民在县级以下人民代表大会代表选举期间在国内的，可以参加原籍地或者出国前居住地的选举。

第八条　全国人民代表大会和地方各级人民代表大会的选举经费，列入财政预算，由国库开支。

第二章　选举机构

第九条　全国人民代表大会常务委员会主持全国人民代表大会代表的选举。省、自治区、直辖市、设区的市、自治州的人民代表大会常务委员会主持本级人民代表大会代表的选举。

不设区的市、市辖区、县、自治县、乡、民族乡、镇设立选举委员会,主持本级人民代表大会代表的选举。不设区的市、市辖区、县、自治县的选举委员会受本级人民代表大会常务委员会的领导。乡、民族乡、镇的选举委员会受不设区的市、市辖区、县、自治县的人民代表大会常务委员会的领导。

省、自治区、直辖市、设区的市、自治州的人民代表大会常务委员会指导本行政区域内县级以下人民代表大会代表的选举工作。

第十条　不设区的市、市辖区、县、自治县的选举委员会的组成人员由本级人民代表大会常务委员会任命。乡、民族乡、镇的选举委员会的组成人员由不设区的市、市辖区、县、自治县的人民代表大会常务委员会任命。

选举委员会的组成人员为代表候选人的,应当辞去选举委员会的职务。

第十一条　选举委员会履行下列职责:

(一)划分选举本级人民代表大会代表的选区,分配各选区应选代表的名额;

(二)进行选民登记,审查选民资格,公布选民名单;受理对于选民名单不同意见的申诉,并作出决定;

(三)确定选举日期;

(四)了解核实并组织介绍代表候选人的情况;根据较多数选民的意见,确定和公布正式代表候选人名单;

(五)主持投票选举;

(六)确定选举结果是否有效,公布当选代表名单;

（七）法律规定的其他职责。

选举委员会应当及时公布选举信息。

第三章　地方各级人民代表大会代表名额

第十二条　地方各级人民代表大会的代表名额，按照下列规定确定：

（一）省、自治区、直辖市的代表名额基数为三百五十名，省、自治区每十五万人可以增加一名代表，直辖市每二万五千人可以增加一名代表；但是，代表总名额不得超过一千名；

（二）设区的市、自治州的代表名额基数为二百四十名，每二万五千人可以增加一名代表；人口超过一千万的，代表总名额不得超过六百五十名；

（三）不设区的市、市辖区、县、自治县的代表名额基数为一百四十名，每五千人可以增加一名代表；人口超过一百五十五万的，代表总名额不得超过四百五十名；人口不足五万的，代表总名额可以少于一百四十名；

（四）乡、民族乡、镇的代表名额基数为四十五名，每一千五百人可以增加一名代表；但是，代表总名额不得超过一百六十名；人口不足二千的，代表总名额可以少于四十五名。

按照前款规定的地方各级人民代表大会的代表名额基数与按人口数增加的代表数相加，即为地方各级人民代表大会的代表总名额。

自治区、聚居的少数民族多的省，经全国人民代表大会常务委员会决定，代表名额可以另加百分之五。聚居的少数民族多或者人口居住分散的县、自治县、乡、民族乡，经省、自治区、直辖市的人民代表大会常务委员会决定，代表名额可以另加百分之五。

第十三条　省、自治区、直辖市的人民代表大会代表的具体名额，由全国人民代表大会常务委员会依照本法确定。设区的市、自治州和县级的人民代表大会代表的具体名额，由省、自治区、直辖市的人民代表大会常务委员会依照本法确定，报全国人民代表大会常务委员会备案。乡级的人民代表大会代表的具体名额，由县级的人民代表大会常务委员会依照本法确定，报上一级人民代表大会常务委员会备案。

第十四条 地方各级人民代表大会的代表总名额经确定后，不再变动。如果由于行政区划变动或者由于重大工程建设等原因造成人口较大变动的，该级人民代表大会的代表总名额依照本法的规定重新确定。

依照前款规定重新确定代表名额的，省、自治区、直辖市的人民代表大会常务委员会应当在三十日内将重新确定代表名额的情况报全国人民代表大会常务委员会备案。

第十五条 地方各级人民代表大会代表名额，由本级人民代表大会常务委员会或者本级选举委员会根据本行政区域所辖的下一级各行政区域或者各选区的人口数，按照每一代表所代表的城乡人口数相同的原则，以及保证各地区、各民族、各方面都有适当数量代表的要求进行分配。在县、自治县的人民代表大会中，人口特少的乡、民族乡、镇，至少应有代表一人。

地方各级人民代表大会代表名额的分配办法，由省、自治区、直辖市人民代表大会常务委员会参照全国人民代表大会代表名额分配的办法，结合本地区的具体情况规定。

第四章 全国人民代表大会代表名额

第十六条 全国人民代表大会的代表，由省、自治区、直辖市的人民代表大会和人民解放军选举产生。

全国人民代表大会代表的名额不超过三千人。

香港特别行政区、澳门特别行政区应选全国人民代表大会代表的名额和代表产生办法,由全国人民代表大会另行规定。

第十七条 全国人民代表大会代表名额,由全国人民代表大会常务委员会根据各省、自治区、直辖市的人口数,按照每一代表所代表的城乡人口数相同的原则,以及保证各地区、各民族、各方面都有适当数量代表的要求进行分配。

省、自治区、直辖市应选全国人民代表大会代表名额,由根据人口数计算确定的名额数、相同的地区基本名额数和其他应选名额数构成。

全国人民代表大会代表名额的具体分配,由全国人民代表大会常务委员会决定。

第十八条 全国少数民族应选全国人民代表大会代表,由全国人民代表大会常务委员会参照各少数民族的人口数和分布等情况,分配给各省、自治区、直辖市的人民代表大会选出。人口特少的民族,至少应有代表一人。

第五章 各少数民族的选举

第十九条 有少数民族聚居的地方,每一聚居的少数民族都应有代表参加当地的人民代表大会。

聚居境内同一少数民族的总人口数占境内总人口数百分之三十以上的,每一代表所代表的人口数应相当于当地人民代表大会每一代表所代表的人口数。

聚居境内同一少数民族的总人口数不足境内总人口数百分之十五的,每一代表所代表的人口数可以适当少于当地人民代表大会每一代表所代表的人口数,但不得少于二分之一;实行区域自治的民族人口特少的自治县,经省、自治区的人民代表大会常务委员会决定,可以少于二分之一。人口特少的其他聚居民族,至少应有代表一人。

聚居境内同一少数民族的总人口数占境内总人口数百分之十

五以上、不足百分之三十的，每一代表所代表的人口数，可以适当少于当地人民代表大会每一代表所代表的人口数，但分配给该少数民族的应选代表名额不得超过代表总名额的百分之三十。

第二十条 自治区、自治州、自治县和有少数民族聚居的乡、民族乡、镇的人民代表大会，对于聚居在境内的其他少数民族和汉族代表的选举，适用本法第十九条的规定。

第二十一条 散居的少数民族应选当地人民代表大会的代表，每一代表所代表的人口数可以少于当地人民代表大会每一代表所代表的人口数。

自治区、自治州、自治县和有少数民族聚居的乡、民族乡、镇的人民代表大会，对于散居的其他少数民族和汉族代表的选举，适用前款的规定。

第二十二条 有少数民族聚居的不设区的市、市辖区、县、乡、民族乡、镇的人民代表大会代表的产生，按照当地的民族关系和居住状况，各少数民族选民可以单独选举或者联合选举。

自治县和有少数民族聚居的乡、民族乡、镇的人民代表大会，对于居住在境内的其他少数民族和汉族代表的选举办法，适用前款的规定。

第二十三条 自治区、自治州、自治县制定或者公布的选举文件、选民名单、选民证、代表候选人名单、代表当选证书和选举委员会的印章等，都应当同时使用当地通用的民族文字。

第二十四条 少数民族选举的其他事项，参照本法有关各条的规定办理。

第六章 选区划分

第二十五条 不设区的市、市辖区、县、自治县、乡、民族乡、镇的人民代表大会的代表名额分配到选区，按选区进行选举。选区可以按居住状况划分，也可以按生产单位、事业单位、工作单位划分。

选区的大小,按照每一选区选一名至三名代表划分。

第二十六条 本行政区域内各选区每一代表所代表的人口数应当大体相等。

第七章 选民登记

第二十七条 选民登记按选区进行,经登记确认的选民资格长期有效。每次选举前对上次选民登记以后新满十八周岁的、被剥夺政治权利期满后恢复政治权利的选民,予以登记。对选民经登记后迁出原选区的,列入新迁入的选区的选民名单;对死亡的和依照法律被剥夺政治权利的人,从选民名单上除名。

精神病患者不能行使选举权利的,经选举委员会确认,不列入选民名单。

第二十八条 选民名单应在选举日的二十日以前公布,实行凭选民证参加投票选举的,并应当发给选民证。

第二十九条 对于公布的选民名单有不同意见的,可以在选民名单公布之日起五日内向选举委员会提出申诉。选举委员会对申诉意见,应在三日内作出处理决定。申诉人如果对处理决定不服,可以在选举日的五日以前向人民法院起诉,人民法院应在选举日以前作出判决。人民法院的判决为最后决定。

第八章 代表候选人的提出

第三十条 全国和地方各级人民代表大会的代表候选人,按选区或者选举单位提名产生。

各政党、各人民团体,可以联合或者单独推荐代表候选人。选民或者代表,十人以上联名,也可以推荐代表候选人。推荐者应向选举委员会或者大会主席团介绍代表候选人的情况。接受推荐的代表候选人应当向选举委员会或者大会主席团如实提供个人身份、简历等基本情况。提供的基本情况不实的，选举委员会或者大会主席团应当向选民或者代表通报。

各政党、各人民团体联合或者单独推荐的代表候选人的人数，每一选民或者代表参加联名推荐的代表候选人的人数，均不得超过本选区或者选举单位应选代表的名额。

第三十一条 全国和地方各级人民代表大会代表实行差额选举，代表候选人的人数应多于应选代表的名额。

由选民直接选举人民代表大会代表的，代表候选人的人数应多于应选代表名额三分之一至一倍；由县级以上的地方各级人民代表大会选举上一级人民代表大会代表的，代表候选人的人数应多于应选代表名额五分之一至二分之一。

第三十二条 由选民直接选举人民代表大会代表的，代表候选人由各选区选民和各政党、各人民团体提名推荐。选举委员会汇总后，将代表候选人名单及代表候选人的基本情况在选举日的十五日以前公布，并交各该选区的选民小组讨论、协商，确定正式代表候选人名单。如果所提代表候选人的人数超过本法第三十一条规定的最高差额比例，由选举委员会交各该选区的选民小组讨论、协商，根据较多数选民的意见，确定正式代表候选人名单；对正式代表候选人不能形成较为一致意见的，进行预选，根据预选时得票多少的顺序，确定正式代表候选人名单。正式代表候选人名单及代表候选人的基本情况应当在选举日的七日以前公布。

县级以上的地方各级人民代表大会在选举上一级人民代表大会代表时，提名、酝酿代表候选人的时间不得少于两天。各该级人民代表大会主席团将依法提出的代表候选人名单及代表候选人的基本情况印发全体代表，由全体代表酝酿、讨论。如果所提代表候选人的人数符合本法第三十一条规定的差额比例，直接进行投票选举。如果所提代表候选人的人数超过本法第三十一条规定的最高差额比例，进行预选，根据预选时得票多少的顺序，按照本级人民代表大会的选举办法根据本法确定的具体差额比例，确定正式代表候选人名单,进行投票选举。

第三十三条 县级以上的地方各级人民代表大会在选举上一级人民代表大会代表时,代表候选人不限于各该级人民代表大会的代表。

第三十四条 选举委员会或者人民代表大会主席团应当向选民或者代表介绍代表候选人的情况。推荐代表候选人的政党、人民团体和选民、代表可以在选民小组或者代表小组会议上介绍所推荐的代表候选人的情况。选举委员会根据选民的要求,应当组织代表候选人与选民见面,由代表候选人介绍本人的情况,回答选民的问题。但是,在选举日必须停止代表候选人的介绍。

第三十五条 公民参加各级人民代表大会代表的选举,不得直接或者间接接受境外机构、组织、个人提供的与选举有关的任何形式的资助。

违反前款规定的,不列入代表候选人名单;已经列入代表候选人名单的,从名单中除名;已经当选的,其当选无效。

第九章　选举程序

第三十六条 全国人民代表大会和地方各级人民代表大会代表的选举,应当严格依照法定程序进行,并接受监督。任何组织或者个人都不得以任何方式干预选民或者代表自由行使选举权。

第三十七条 在选民直接选举人民代表大会代表时,选民根据选举委员会的规定,凭身份证或者选民证领取选票。

第三十八条 选举委员会应当根据各选区选民分布状况,按照方便选民投票的原则设立投票站,进行选举。选民居住比较集中的,可以召开选举大会,进行选举;因患有疾病等原因行动不便或者居住分散并且交通不便的选民,可以在流动票箱投票。

第三十九条 县级以上的地方各级人民代表大会在选举上一级人民代表大会代表时,由各该级人民代表大会主席团主持。

第四十条 全国和地方各级人民代表大会代表的选举,一律采用无记名投票的方法。选举时应当设有秘密写票处。

选民如果是文盲或者因残疾不能写选票的,可以委托他信任的人代写。

第四十一条 选举人对于代表候选人可以投赞成票,可以投反对票,可以另选其他任何选民,也可以弃权。

第四十二条 选民如果在选举期间外出,经选举委员会同意,可以书面委托其他选民代为投票。每一选民接受的委托不得超过三人,并应当按照委托人的意愿代为投票。

第四十三条 投票结束后,由选民或者代表推选的监票、计票人员和选举委员会或者人民代表大会主席团的人员将投票人数和票数加以核对,作出记录,并由监票人签字。

代表候选人的近亲属不得担任监票人、计票人。

第四十四条 每次选举所投的票数,多于投票人数的无效,等于或者少于投票人数的有效。

每一选票所选的人数,多于规定应选代表人数的作废,等于或者少于规定应选代表人数的有效。

第四十五条 在选民直接选举人民代表大会代表时,选区全体选民的过半数参加投票,选举有效。代表候选人获得参加投票的选民过半数的选票时,始得当选。

县级以上的地方各级人民代表大会在选举上一级人民代表大会代表时,代表候选人获得全体代表过半数的选票时,始得当选。

获得过半数选票的代表候选人的人数超过应选代表名额时,以得票多的当选。如遇票数相等不能确定当选人时,应当就票数相等的候选人再次投票,以得票多的当选。

获得过半数选票的当选代表的人数少于应选代表的名额时,不足的名额另行选举。另行选举时,根据在第一次投票时得票多少的顺序,按照本法第三十一条规定的差额比例,确定候选人名单。如果只选一人,候选人应为二人。

依照前款规定另行选举县级和乡级的人民代表大会代表时，代表候选人以得票多的当选，但是得票数不得少于选票的三分之一；县级以上的地方各级人民代表大会在另行选举上一级人民代表大会代表时，代表候选人获得全体代表过半数的选票，始得当选。

第四十六条 选举结果由选举委员会或者人民代表大会主席团根据本法确定是否有效，并予以宣布。

当选代表名单由选举委员会或者人民代表大会主席团予以公布。

第四十七条 代表资格审查委员会依法对当选代表是否符合宪法、法律规定的代表的基本条件，选举是否符合法律规定的程序，以及是否存在破坏选举和其他当选无效的违法行为进行审查，提出代表当选是否有效的意见，向本级人民代表大会常务委员会或者乡、民族乡、镇的人民代表大会主席团报告。

县级以上的各级人民代表大会常务委员会或者乡、民族乡、镇的人民代表大会主席团根据代表资格审查委员会提出的报告，确认代表的资格或者确定代表的当选无效，在每届人民代表大会第一次会议前公布代表名单。

第四十八条 公民不得同时担任两个以上无隶属关系的行政区域的人民代表大会代表。

第十章　对代表的监督和罢免、辞职、补选

第四十九条 全国和地方各级人民代表大会的代表，受选民和原选举单位的监督。选民或者选举单位都有权罢免自己选出的代表。

第五十条 对于县级的人民代表大会代表，原选区选民五十人以上联名，对于乡级的人民代表大会代表，原选区选民三十人以上联名，可以向县级的人民代表大会常务委员会书面提出罢免要求。

罢免要求应当写明罢免理由。被提出罢免的代表有权在选民会议上提出申辩意见,也可以书面提出申辩意见。

县级的人民代表大会常务委员会应当将罢免要求和被提出罢免的代表的书面申辩意见印发原选区选民。

表决罢免要求,由县级的人民代表大会常务委员会派有关负责人员主持。

第五十一条 县级以上的地方各级人民代表大会举行会议的时候,主席团或者十分之一以上代表联名,可以提出对由该级人民代表大会选出的上一级人民代表大会代表的罢免案。在人民代表大会闭会期间,县级以上的地方各级人民代表大会常务委员会主任会议或者常务委员会五分之一以上组成人员联名,可以向常务委员会提出对由该级人民代表大会选出的上一级人民代表大会代表的罢免案。罢免案应当写明罢免理由。

县级以上的地方各级人民代表大会举行会议的时候,被提出罢免的代表有权在主席团会议和大会全体会议上提出申辩意见,或者书面提出申辩意见,由主席团印发会议。罢免案经会议审议后,由主席团提请全体会议表决。

县级以上的地方各级人民代表大会常务委员会举行会议的时候,被提出罢免的代表有权在主任会议和常务委员会全体会议上提出申辩意见,或者书面提出申辩意见,由主任会议印发会议。罢免案经会议审议后,由主任会议提请全体会议表决。

第五十二条 罢免代表采用无记名的表决方式。

第五十三条 罢免县级和乡级的人民代表大会代表,须经原选区过半数的选民通过。

罢免由县级以上的地方各级人民代表大会选出的代表,须经各该级人民代表大会过半数的代表通过;在代表大会闭会期间,须经常务委员会组成人员的过半数通过。罢免的决议,须报送上一级人民代表大会常务委员会备案、公告。

第五十四条 县级以上的各级人民代表大会常务委员会组成

人员，县级以上的各级人民代表大会专门委员会成员的代表职务被罢免的，其常务委员会组成人员或者专门委员会成员的职务相应撤销，由主席团或者常务委员会予以公告。

乡、民族乡、镇的人民代表大会主席、副主席的代表职务被罢免的，其主席、副主席的职务相应撤销，由主席团予以公告。

第五十五条 全国人民代表大会代表，省、自治区、直辖市、设区的市、自治州的人民代表大会代表，可以向选举他的人民代表大会的常务委员会书面提出辞职。常务委员会接受辞职，须经常务委员会组成人员的过半数通过。接受辞职的决议，须报送上一级人民代表大会常务委员会备案、公告。

县级的人民代表大会代表可以向本级人民代表大会常务委员会书面提出辞职，乡级的人民代表大会代表可以向本级人民代表大会书面提出辞职。县级的人民代表大会常务委员会接受辞职，须经常务委员会组成人员的过半数通过。乡级的人民代表大会接受辞职，须经人民代表大会过半数的代表通过。接受辞职的，应当予以公告。

第五十六条 县级以上的各级人民代表大会常务委员会组成人员，县级以上的各级人民代表大会的专门委员会成员，辞去代表职务的请求被接受的，其常务委员会组成人员、专门委员会成员的职务相应终止，由常务委员会予以公告。

乡、民族乡、镇的人民代表大会主席、副主席，辞去代表职务的请求被接受的，其主席、副主席的职务相应终止，由主席团予以公告。

第五十七条 代表在任期内，因故出缺，由原选区或者原选举单位补选。

地方各级人民代表大会代表在任期内调离或者迁出本行政区域的，其代表资格自行终止，缺额另行补选。

县级以上的地方各级人民代表大会闭会期间，可以由本级人民代表大会常务委员会补选上一级人民代表大会代表。

补选出缺的代表时，代表候选人的名额可以多于应选代表的名额，也可以同应选代表的名额相等。补选的具体办法，由省、自治区、直辖市的人民代表大会常务委员会规定。

对补选产生的代表，依照本法第四十七条的规定进行代表资格审查。

第十一章 对破坏选举的制裁

第五十八条 为保障选民和代表自由行使选举权和被选举权，对有下列行为之一，破坏选举，违反治安管理规定的，依法给予治安管理处罚；构成犯罪的，依法追究刑事责任：

（一）以金钱或者其他财物贿赂选民或者代表，妨害选民和代表自由行使选举权和被选举权的；

（二）以暴力、威胁、欺骗或者其他非法手段妨害选民和代表自由行使选举权和被选举权的；

（三）伪造选举文件、虚报选举票数或者有其他违法行为的；

（四）对于控告、检举选举中违法行为的人，或者对于提出要求罢免代表的人进行压制、报复的。

国家工作人员有前款所列行为的，还应当由监察机关给予政务处分或者由所在机关、单位给予处分。

以本条第一款所列违法行为当选的，其当选无效。

第五十九条 主持选举的机构发现有破坏选举的行为或者收到对破坏选举行为的举报，应当及时依法调查处理；需要追究法律责任的，及时移送有关机关予以处理。

第十二章 附 则

第六十条 省、自治区、直辖市的人民代表大会及其常务委员会根据本法可以制定选举实施细则，报全国人民代表大会常务委员会备案。

行政法规

国家科学技术奖励条例

（1999 年 5 月 23 日中华人民共和国国务院令第 265 号发布　根据 2003 年 12 月 20 日《国务院关于修改〈国家科学技术奖励条例〉的决定》第一次修订　根据 2013 年 7 月 18 日《国务院关于废止和修改部分行政法规的决定》第二次修订　2020 年 10 月 7 日中华人民共和国国务院令第 731 号第三次修订）

第一章　总　　则

第一条　为了奖励在科学技术进步活动中做出突出贡献的个人、组织，调动科学技术工作者的积极性和创造性，建设创新型国家和世界科技强国，根据《中华人民共和国科学技术进步法》，制定本条例。

第二条　国务院设立下列国家科学技术奖：

（一）国家最高科学技术奖；

（二）国家自然科学奖；

（三）国家技术发明奖；

（四）国家科学技术进步奖；

（五）中华人民共和国国际科学技术合作奖。

第三条　国家科学技术奖应当与国家重大战略需要和中长期科技发展规划紧密结合。国家加大对自然科学基础研究和应用基础研究的奖励。国家自然科学奖应当注重前瞻性、理论性，国家技术发明奖应当注重原创性、实用性，国家科学技术进步奖应当注重创新性、效益性。

第四条 国家科学技术奖励工作坚持中国共产党领导，实施创新驱动发展战略，贯彻尊重劳动、尊重知识、尊重人才、尊重创造的方针，培育和践行社会主义核心价值观。

第五条 国家维护国家科学技术奖的公正性、严肃性、权威性和荣誉性，将国家科学技术奖授予追求真理、潜心研究、学有所长、研有所专、敢于超越、勇攀高峰的科技工作者。

国家科学技术奖的提名、评审和授予，不受任何组织或者个人干涉。

第六条 国务院科学技术行政部门负责国家科学技术奖的相关办法制定和评审活动的组织工作。对涉及国家安全的项目，应当采取严格的保密措施。

国家科学技术奖励应当实施绩效管理。

第七条 国家设立国家科学技术奖励委员会。国家科学技术奖励委员会聘请有关方面的专家、学者等组成评审委员会和监督委员会，负责国家科学技术奖的评审和监督工作。

国家科学技术奖励委员会的组成人员人选由国务院科学技术行政部门提出，报国务院批准。

第二章 国家科学技术奖的设置

第八条 国家最高科学技术奖授予下列中国公民：

（一）在当代科学技术前沿取得重大突破或者在科学技术发展中有卓越建树的；

（二）在科学技术创新、科学技术成果转化和高技术产业化中，创造巨大经济效益、社会效益、生态环境效益或者对维护国家安全做出巨大贡献的。

国家最高科学技术奖不分等级，每次授予人数不超过2名。

第九条 国家自然科学奖授予在基础研究和应用基础研究中阐明自然现象、特征和规律，做出重大科学发现的个人。

前款所称重大科学发现，应当具备下列条件：

（一）前人尚未发现或者尚未阐明；

（二）具有重大科学价值；

（三）得到国内外自然科学界公认。

第十条 国家技术发明奖授予运用科学技术知识做出产品、工艺、材料、器件及其系统等重大技术发明的个人。

前款所称重大技术发明，应当具备下列条件：

（一）前人尚未发明或者尚未公开；

（二）具有先进性、创造性、实用性；

（三）经实施，创造显著经济效益、社会效益、生态环境效益或者对维护国家安全做出显著贡献，且具有良好的应用前景。

第十一条 国家科学技术进步奖授予完成和应用推广创新性科学技术成果，为推动科学技术进步和经济社会发展做出突出贡献的个人、组织。

前款所称创新性科学技术成果，应当具备下列条件：

（一）技术创新性突出，技术经济指标先进；

（二）经应用推广，创造显著经济效益、社会效益、生态环境效益或者对维护国家安全做出显著贡献；

（三）在推动行业科学技术进步等方面有重大贡献。

第十二条 国家自然科学奖、国家技术发明奖、国家科学技术进步奖分为一等奖、二等奖 2 个等级；对做出特别重大的科学发现、技术发明或者创新性科学技术成果的，可以授予特等奖。

第十三条 中华人民共和国国际科学技术合作奖授予对中国科学技术事业做出重要贡献的下列外国人或者外国组织：

（一）同中国的公民或者组织合作研究、开发，取得重大科学技术成果的；

（二）向中国的公民或者组织传授先进科学技术、培养人才，成效特别显著的；

（三）为促进中国与外国的国际科学技术交流与合作，做出重要贡献的。

中华人民共和国国际科学技术合作奖不分等级。

第三章　国家科学技术奖的提名、评审和授予

第十四条　国家科学技术奖实行提名制度，不受理自荐。候选者由下列单位或者个人提名：

（一）符合国务院科学技术行政部门规定的资格条件的专家、学者、组织机构；

（二）中央和国家机关有关部门，中央军事委员会科学技术部门，省、自治区、直辖市、计划单列市人民政府。

香港特别行政区、澳门特别行政区、台湾地区的有关个人、组织的提名资格条件，由国务院科学技术行政部门规定。

中华人民共和国驻外使馆、领馆可以提名中华人民共和国国际科学技术合作奖的候选者。

第十五条　提名者应当严格按照提名办法提名，提供提名材料，对材料的真实性和准确性负责，并按照规定承担相应责任。

提名办法由国务院科学技术行政部门制定。

第十六条　在科学技术活动中有下列情形之一的，相关个人、组织不得被提名或者授予国家科学技术奖：

（一）危害国家安全、损害社会公共利益、危害人体健康、违反伦理道德的；

（二）有科研不端行为，按照国家有关规定被禁止参与国家科学技术奖励活动的；

（三）有国务院科学技术行政部门规定的其他情形的。

第十七条　国务院科学技术行政部门应当建立覆盖各学科、各领域的评审专家库，并及时更新。评审专家应当精通所从事学

科、领域的专业知识，具有较高的学术水平和良好的科学道德。

第十八条 评审活动应当坚持公开、公平、公正的原则。评审专家与候选者有重大利害关系，可能影响评审公平、公正的，应当回避。

评审委员会的评审委员和参与评审活动的评审专家应当遵守评审工作纪律，不得有利用评审委员、评审专家身份牟取利益或者与其他评审委员、评审专家串通表决等可能影响评审公平、公正的行为。

评审办法由国务院科学技术行政部门制定。

第十九条 评审委员会设立评审组进行初评，评审组负责提出初评建议并提交评审委员会。

参与初评的评审专家从评审专家库中抽取产生。

第二十条 评审委员会根据相关办法对初评建议进行评审，并向国家科学技术奖励委员会提出各奖种获奖者和奖励等级的建议。

监督委员会根据相关办法对提名、评审和异议处理工作全程进行监督，并向国家科学技术奖励委员会报告监督情况。

国家科学技术奖励委员会根据评审委员会的建议和监督委员会的报告，作出各奖种获奖者和奖励等级的决议。

第二十一条 国务院科学技术行政部门对国家科学技术奖励委员会作出的各奖种获奖者和奖励等级的决议进行审核，报国务院批准。

第二十二条 国家最高科学技术奖报请国家主席签署并颁发奖章、证书和奖金。

国家自然科学奖、国家技术发明奖、国家科学技术进步奖由国务院颁发证书和奖金。

中华人民共和国国际科学技术合作奖由国务院颁发奖章和证书。

第二十三条 国家科学技术奖提名和评审的办法、奖励总数、奖励结果等信息应当向社会公布，接受社会监督。

涉及国家安全的保密项目，应当严格遵守国家保密法律法规的有关规定，加强项目内容的保密管理，在适当范围内公布。

第二十四条 国家科学技术奖励工作实行科研诚信审核制度。国务院科学技术行政部门负责建立提名专家、学者、组织机构和评审委员、评审专家、候选者的科研诚信严重失信行为数据库。

禁止任何个人、组织进行可能影响国家科学技术奖提名和评审公平、公正的活动。

第二十五条 国家最高科学技术奖的奖金数额由国务院规定。

国家自然科学奖、国家技术发明奖、国家科学技术进步奖的奖金数额由国务院科学技术行政部门会同财政部门规定。

国家科学技术奖的奖励经费列入中央预算。

第二十六条 宣传国家科学技术奖获奖者的突出贡献和创新精神,应当遵守法律法规的规定,做到安全、保密、适度、严谨。

第二十七条 禁止使用国家科学技术奖名义牟取不正当利益。

第四章 法律责任

第二十八条 候选者进行可能影响国家科学技术奖提名和评审公平、公正的活动的,由国务院科学技术行政部门给予通报批评,取消其参评资格,并由所在单位或者有关部门依法给予处分。

其他个人或者组织进行可能影响国家科学技术奖提名和评审公平、公正的活动的,由国务院科学技术行政部门给予通报批评;相关候选者有责任的,取消其参评资格。

第二十九条 评审委员、评审专家违反国家科学技术奖评审工作纪律的,由国务院科学技术行政部门取消其评审委员、评审专家资格,并由所在单位或者有关部门依法给予处分。

第三十条 获奖者剽窃、侵占他人的发现、发明或者其他科学技术成果的,或者以其他不正当手段骗取国家科学技术奖的,由国务院科学技术行政部门报国务院批准后撤销奖励,追回奖章、证书和奖金,并由所在单位或者有关部门依法给予处分。

第三十一条 提名专家、学者、组织机构提供虚假数据、材料,协助他人骗取国家科学技术奖的，由国务院科学技术行政部门给予通报批评；情节严重的，暂停或者取消其提名资格，并由所在单位或者有关部门依法给予处分。

第三十二条 违反本条例第二十七条规定的，由有关部门依照相关法律、行政法规的规定予以查处。

第三十三条 对违反本条例规定，有科研诚信严重失信行为的个人、组织，记入科研诚信严重失信行为数据库，并共享至全国信用信息共享平台，按照国家有关规定实施联合惩戒。

第三十四条 国家科学技术奖的候选者、获奖者、评审委员、评审专家和提名专家、学者涉嫌违反其他法律、行政法规的，国务院科学技术行政部门应当通报有关部门依法予以处理。

第三十五条 参与国家科学技术奖评审组织工作的人员在评审活动中滥用职权、玩忽职守、徇私舞弊的，依法给予处分；构成犯罪的，依法追究刑事责任。

第五章　附　　则

第三十六条 有关部门根据国家安全领域的特殊情况，可以设立部级科学技术奖；省、自治区、直辖市、计划单列市人民政府可以设立一项省级科学技术奖。具体办法由设奖部门或者地方人民政府制定，并报国务院科学技术行政部门及有关单位备案。

设立省部级科学技术奖，应当按照精简原则，严格控制奖励数量，提高奖励质量，优化奖励程序。其他国家机关、群众团体，以及参照公务员法管理的事业单位，不得设立科学技术奖。

第三十七条 国家鼓励社会力量设立科学技术奖。社会力量设立科学技术奖的，在奖励活动中不得收取任何费用。

国务院科学技术行政部门应当对社会力量设立科学技术奖的有关活动进行指导服务和监督管理，并制定具体办法。

第三十八条 本条例自 2020 年 12 月 1 日起施行。

国务院文件

国务院关于进一步提高上市公司质量的意见

（2020年10月5日　国发〔2020〕14号）

资本市场在金融运行中具有牵一发而动全身的作用，上市公司是资本市场的基石。提高上市公司质量是推动资本市场健康发展的内在要求，是新时代加快完善社会主义市场经济体制的重要内容。《国务院批转证监会关于提高上市公司质量意见的通知》(国发〔2005〕34号)印发以来，我国上市公司数量显著增长、质量持续提升，在促进国民经济发展中的作用日益凸显。但也要看到，上市公司经营和治理不规范、发展质量不高等问题仍较突出，与建设现代化经济体系、推动经济高质量发展的要求还存在差距。同时，面对新冠肺炎疫情影响，上市公司生产经营和高质量发展面临新的考验。为进一步提高上市公司质量，现提出如下意见。

一、总体要求

以习近平新时代中国特色社会主义思想为指导，全面贯彻党的十九大和十九届二中、三中、四中全会精神，认真落实党中央、国务院决策部署，贯彻新发展理念，坚持市场化、法治化方向，按照深化金融供给侧结构性改革要求，加强资本市场基础制度建设，大力提高上市公司质量。坚持存量与增量并重、治标与治本结合，发挥各方合力，强化持续监管，优化上市公司结构和发展环境，使上市公司运作规范性明显提升，信息披露质量不断改善，突出问题得到有效解决，可持续发展能力和整体质量显著提高，为建设规范、透明、开放、有活力、有韧性的资本市场,促进经济高质量发展提供有力支撑。

二、提高上市公司治理水平

(一)规范公司治理和内部控制。完善公司治理制度规则,明确控股股东、实际控制人、董事、监事和高级管理人员的职责界限和法律责任。控股股东、实际控制人要履行诚信义务,维护上市公司独立性,切实保障上市公司和投资者的合法权益。股东大会、董事会、监事会、经理层要依法合规运作,董事、监事和高级管理人员要忠实勤勉履职,充分发挥独立董事、监事会作用。建立董事会与投资者的良好沟通机制,健全机构投资者参与公司治理的渠道和方式。科学界定国有控股上市公司治理相关方的权责,健全具有中国特色的国有控股上市公司治理机制。严格执行上市公司内控制度,加快推行内控规范体系,提升内控有效性。强化上市公司治理底线要求,倡导最佳实践,加强治理状况信息披露,促进提升决策管理的科学性。开展公司治理专项行动,通过公司自查、现场检查、督促整改,切实提高公司治理水平。(证监会、国务院国资委、财政部、银保监会等单位负责)

(二)提升信息披露质量。以提升透明度为目标,优化规则体系,督促上市公司、股东及相关信息披露义务人真实、准确、完整、及时、公平披露信息。以投资者需求为导向,完善分行业信息披露标准,优化披露内容,增强信息披露针对性和有效性。严格执行企业会计准则,优化信息披露编报规则,提升财务信息质量。上市公司及其他信息披露义务人要充分披露投资者作出价值判断和投资决策所必需的信息,并做到简明清晰、通俗易懂。相关部门和机构要按照资本市场规则,支持、配合上市公司依法依规履行信息披露义务。(证监会、国务院国资委、工业和信息化部、财政部等单位负责)

三、推动上市公司做优做强

(三)支持优质企业上市。全面推行、分步实施证券发行注册制。优化发行上市标准,增强包容性。加强对拟上市企业的培育和辅导，提升拟上市企业规范化水平。鼓励和支持混合所有制改革试点企业上市。发挥股权投资机构在促进公司优化治理、创新创业、产业升级等方面的积极作用。大力发展创业投资，培育科技型、创新型企业，支持制造业单项冠军、专精特新“小巨人”等企业发展壮大。发挥全国中小企业股份转让系统、区域性股权市场和产权交易市场在培育企业上市中的积极作用。（证监会、国务院国资委、国家发展改革委、财政部、工业和信息化部等单位与各省级人民政府负责）

（四）促进市场化并购重组。充分发挥资本市场的并购重组主渠道作用，鼓励上市公司盘活存量、提质增效、转型发展。完善上市公司资产重组、收购和分拆上市等制度，丰富支付及融资工具，激发市场活力。发挥证券市场价格、估值、资产评估结果在国有资产交易定价中的作用，支持国有企业依托资本市场开展混合所有制改革。支持境内上市公司发行股份购买境外优质资产，允许更多符合条件的外国投资者对境内上市公司进行战略投资，提升上市公司国际竞争力。研究拓宽社会资本等多方参与上市公司并购重组的渠道。（证监会、工业和信息化部、国务院国资委、国家发展改革委、财政部、人民银行、商务部、市场监管总局、国家外汇局等单位与各省级人民政府负责）

（五）完善上市公司融资制度。加强资本市场融资端和投资端的协调平衡，引导上市公司兼顾发展需要和市场状况优化融资安排。完善上市公司再融资发行条件，研究推出更加便捷的融资方式。支持上市公司通过发行债券等方式开展长期限债务融资。稳步发展优先股、股债结合产品。大力发展权益类基金。丰富风险管理工具。探索建立对机构投资者的长周期考核机制，吸引更多中长期资金入市。（证监会、财政部、人民银行、国家发展改革委、银保监会等单位负责）

（六）健全激励约束机制。完善上市公司股权激励和员工持股制度，在对象、方式、定价等方面作出更加灵活的安排。优化政策环境，支持各类上市公司建立健全长效激励机制，强化劳动者和所有者利益共享，更好吸引和留住人才，充分调动上市公司员工积极性。（证监会、国务院国资委、财政部等单位负责）

四、健全上市公司退出机制

（七）严格退市监管。完善退市标准，简化退市程序，加大退市监管力度。严厉打击通过财务造假、利益输送、操纵市场等方式恶意规避退市行为，将缺乏持续经营能力、严重违法违规扰乱市场秩序的公司及时清出市场。加大对违法违规主体的责任追究力度。支持投资者依法维权，保护投资者合法权益。（证监会、最高人民法院、公安部、国务院国资委等单位与各省级人民政府负责）

（八）拓宽多元化退出渠道。完善并购重组和破产重整等制度，优化流程、提高效率，畅通主动退市、并购重组、破产重整等上市公司多元化退出渠道。有关地区和部门要综合施策，支持上市公司通过并购重组、破产重整等方式出清风险。（证监会、最高人民法院、司法部、国务院国资委等单位与各省级人民政府负责）

五、解决上市公司突出问题

（九）积极稳妥化解上市公司股票质押风险。坚持控制增量、化解存量，建立多部门共同参与的上市公司股票质押风险处置机制，强化场内外一致性监管，加强质押信息共享。强化对金融机构、上市公司大股东及实际控制人的风险约束机制。严格执行分层次、差异化的股票质押信息披露制度。严格控制限售股质押。支持银行、证券、保险、私募股权基金等机构参与上市公司股票质押风险化解。（证监会、最高人民法院、人民银行、银保监会、国务院国资委等单位与各省级人民政府负责）

（十）严肃处置资金占用、违规担保问题。控股股东、实际控制人及相关方不得以任何方式侵占上市公司利益。坚持依法监管、分类处置，对已形成的资金占用、违规担保问题，要限期予以清偿或化解；对限期未整改或新发生的资金占用、违规担保问题，要严厉查处，构成犯罪的依法追究刑事责任。依法依规认定上市公司对违规担保合同不承担担保责任。上市公司实施破产重整的，应当提出解决资金占用、违规担保问题的切实可行方案。（证监会、最高人民法院、公安部等单位与各省级人民政府负责）

（十一）强化应对重大突发事件政策支持。发生自然灾害、公共卫生等重大突发事件，对上市公司正常生产经营造成严重影响的，证券监管部门要在依法合规前提下，作出灵活安排；有关部门要依托宏观政策、金融稳定等协调机制，加强协作联动，落实好产业、金融、财税等方面政策；各级政府要及时采取措施，维护劳务用工、生产资料、公用事业品供应和物流运输渠道，支持上市公司尽快恢复正常生产经营。（国家发展改革委、财政部、工业和信息化部、商务部、税务总局、人民银行、银保监会、证监会等单位与各省级人民政府负责）

六、提高上市公司及相关主体违法违规成本

（十二）加大执法力度。严格落实证券法等法律规定，加大对欺诈发行、信息披露违法、操纵市场、内幕交易等违法违规行为的处罚力度。加强行政机关与司法机关协作，实现涉刑案件快速移送、快速查办，严厉查处违法犯罪行为。完善违法违规行为认定规则，办理上市公司违法违规案件时注意区分上市公司责任、股东责任与董事、监事、高级管理人员等个人责任；对涉案证券公司、证券服务机构等中介机构及从业人员一并查处，情节严重、性质恶劣的，依法采取暂停、撤销、吊销业务或从业资格等措施。（证监会、公安部、最高人民法院、财政部、司法部等单位与各省级人民政府负责）

（十三）推动增加法制供给。推动修订相关法律法规，加重财务造假、资金占用等违法违规行为的行政、刑事法律责任，完善证券民事诉讼和赔偿制度，大幅提高相关责任主体违法违规成本。支持投资者保护机构依法作为代表人参加诉讼。推广证券期货纠纷示范判决机制。（证监会、最高人民法院、司法部、公安部、财政部等单位负责）

七、形成提高上市公司质量的工作合力

（十四）持续提升监管效能。坚持服务实体经济和保护投资者合法权益方向，把提高上市公司质量作为上市公司监管的重要目标。加强全程审慎监管，推进科学监管、分类监管、专业监管、持续监管，提高上市公司监管有效性。充分发挥证券交易所一线监督及自律管理职责、上市公司协会自律管理作用。（证监会负责）

（十五）强化上市公司主体责任。上市公司要诚实守信、规范运作，专注主业、稳健经营，不断提高经营水平和发展质量。上市公司控股股东、实际控制人、董事、监事和高级管理人员要各尽其责，公平对待所有股东。对损害上市公司利益的行为，上市公司要依法维权。鼓励上市公司通过现金分红、股份回购等方式回报投资者，切实履行社会责任。（证监会、国务院国资委、财政部、全国工商联等单位负责）

（十六）督促中介机构归位尽责。健全中介机构执业规则体系，明确上市公司与各类中介机构的职责边界，压实中介机构责任。相关中介机构要严格履行核查验证、专业把关等法定职责，为上市公司提供高质量服务。相关部门和机构要配合中介机构依法依规履职，及时、准确、完整地提供相关信息。（证监会、财政部、司法部、银保监会等单位与各省级人民政府负责）

（十七）凝聚各方合力。完善上市公司综合监管体系，推进上市公司监管大数据平台建设，建立健全财政、税务、海关、金融、市场监管、行业监管、地方政府、司法机关等单位的信息共享机制。增加制度供给，优化政策环境，加强监管执法协作，协同处置上市公司风险。充分发挥新闻媒体的舆论引导和监督作用，共同营造支持上市公司高质量发展的良好环境。（各相关单位与各省级人民政府负责）

国务院办公厅关于印发香港法律执业者和澳门执业律师在粤港澳大湾区内地九市取得内地执业资质和从事律师职业试点办法的通知

（2020年10月5日　国办发〔2020〕37号）

《香港法律执业者和澳门执业律师在粤港澳大湾区内地九市取得内地执业资质和从事律师职业试点办法》已经国务院同意，现予印发。

在粤港澳大湾区内地九市开展香港法律执业者和澳门执业律师取得内地执业资质和从事律师职业试点工作，对于促进粤港澳大湾区建设，发挥香港法律执业者和澳门执业律师的专业作用，具有重要意义。各有关地区要按照试点办法要求，做好相关工作。司法部要加强组织指导，稳妥有序推进试点工作，重大情况和问题及时报告国务院。

香港法律执业者和澳门执业律师在粤港澳大湾区内地九市取得内地执业资质和从事律师职业试点办法

根据《全国人民代表大会常务委员会关于授权国务院在粤港澳大湾区内地九市开展香港法律执业者和澳门执业律师取得内地执业资质和从事律师职业试点工作的决定》，在广东省广州市、深圳市、珠海市、佛山市、惠州市、东莞市、中山市、江门市、肇庆市开展试点工作，符合条件的香港法律执业者和澳门执业律师通过粤港澳大湾区律师执业考试，取得内地执业资质的，可以从事一定范围内的内地法律事务。现就做好试点工作制定本办法。

一、报名

符合以下条件的人员，可以报名参加粤港澳大湾区律师执业考试：

（一）香港特别行政区、澳门特别行政区永久性居民中的中国公民；

（二）拥护《中华人民共和国宪法》，拥护《中华人民共和国香港特别行政区基本法》、《中华人民共和国澳门特别行政区基本法》；

（三）依据香港特别行政区有关法律，经香港特别行政区高等法院认许，在律师、大律师登记册上登记，且未被暂时吊销执业资格的律师、大律师，或者在澳门律师公会有效确定注册的执业律师；

（四）具有累计五年以上律师执业经历；

（五）职业道德良好，未有因不良名誉或者违反职业道德受惩处的记录；

（六）能用中文书写法律文书，能用普通话进行业务活动。

二、考试

报名参加粤港澳大湾区律师执业考试的人员应当参加由司法部组织的有关法律知识培训，经培训后方可参加考试。

具体考试时间、考查科目和相关安排由司法部在考试前公布。通过考试的人员，由司法部发出考试合格的通知。

三、申请执业

考试合格的人员，经广东省律师协会集中培训并考核合格后，可以向广东省司法厅申请粤港澳大湾区律师执业，由广东省司法厅颁发律师执业证书（粤港澳大湾区）。

四、业务范围

取得律师执业证书（粤港澳大湾区）的人员，可以在粤港澳大湾区内地九市内，办理适用内地法律的部分民商事法律事务（含诉讼业务和非诉讼业务）。其中，诉讼案件为位于大湾区内地九市的高级、中级、基层人民法院和有关专门人民法院受理的民商事案件，案件范围参照取得国家统一法律职业资格并获得内地律师执业证书的港澳居民可以在内地人民法院代理的民事案件范围执行；非诉讼业务应当满足以下条件之一：

（一）当事人为自然人的，户籍地或者经常居所地在大湾区内地九市内；

（二）当事人为法人或者其他组织的，住所地或者登记地在大湾区内地九市内；

（三）标的物在大湾区内地九市内；

（四）合同履行地在大湾区内地九市内；

（五）产生、变更或者消灭民商事关系的法律事实发生在大湾区内地九市内；

（六）大湾区内地九市内仲裁委员会受理的商事仲裁案件。

持有律师执业证书（粤港澳大湾区）人员办理上述法律事务，与内地律师享有相同的权利，履行相同的义务。

五、执业管理

取得律师执业证书（粤港澳大湾区）的人员，可以受聘于粤港澳大湾区内地九市的内地律师事务所或者大湾区内地九市的香港、澳门与内地合伙联营律师事务所，不得受聘于外国律师事务所驻华代表机构或者香港、澳门律师事务所驻内地代表机构。取得律师执业证书（粤港澳大湾区）的人员，可以成为大湾区内地九市的内地律师事务所合伙人。

取得律师执业证书（粤港澳大湾区）的人员，依照《中华人民共和国律师法》接受广东省司法厅及所在地司法行政机关的监督管理，加入所在地的地方律师协会，参加年度考核，同时是中华全国律师协会会员，接受律师协会的行业管理。

取得律师执业证书（粤港澳大湾区）的人员，不能保持报名条件或者申请律师执业条件的，由广东省司法厅注销其律师执业证书（粤港澳大湾区）；有违法违纪行为的，由有关司法行政机关、律师协会依法依规给予行政处罚、行业处分。

六、组织实施

司法部负责组织实施粤港澳大湾区律师执业考试，做好命题、评卷等工作，加强对考试工作的监督，确保考试公平公正和组织严密；指导广东省司法厅认真做好组织实施报名、报名资格初审、培训、考务等具体工作。培训地点和考场设在广东省深圳市，视澳门报名人员规模，也可以同时在广东省珠海市设立考场。

考试经费来源为财政经费和考试收费。考试收费项目和标准，按照有关规定确定后执行。

试点期限为三年，自本办法印发之日起算。

国务院办公厅关于印发新能源汽车产业发展规划（2021—2035 年）的通知

（2020 年 10 月 20 日　国办发〔2020〕39 号）

《新能源汽车产业发展规划（2021—2035 年）》已经国务院同意，现印发给你们，请认真贯彻执行。

新能源汽车产业发展规划（2021—2035 年）

发展新能源汽车是我国从汽车大国迈向汽车强国的必由之路，是应对气候变化、推动绿色发展的战略举措。2012 年国务院发布《节能与新能源汽车产业发展规划(2012—2020年)》以来,我国坚持纯电驱动战略取向,新能源汽车产业发展取得了巨大成就,成为世界汽车产业发展转型的重要力量之一。与此同时,我国新能源汽车发展也面临核心技术创新能力不强、质量保障体系有待完善、基础设施建设仍显滞后、产业生态尚不健全、市场竞争日益加剧等问题。为推动新能源汽车产业高质量发展,加快建设汽车强国,制定本规划。

第一章 发展趋势

第一节 新能源汽车为世界经济发展注入新动能

当前,全球新一轮科技革命和产业变革蓬勃发展,汽车与能源、交通、信息通信等领域有关技术加速融合,电动化、网联化、智能化成为汽车产业的发展潮流和趋势。新能源汽车融汇新能源、新材料和互联网、大数据、人工智能等多种变革性技术,推动汽车从单纯交通工具向移动智能终端、储能单元和数字空间转变,带动能源、交通、信息通信基础设施改造升级,促进能源消费结构优化、交通体系和城市运行智能化水平提升,对建设清洁美丽世界、构建人类命运共同体具有重要意义。近年来,世界主要汽车大国纷纷加强战略谋划、强化政策支持,跨国汽车企业加大研发投入、完善产业布局,新能源汽车已成为全球汽车产业转型发展的主要方向和促进世界经济持续增长的重要引擎。

第二节 我国新能源汽车进入加速发展新阶段

汽车产品形态、交通出行模式、能源消费结构和社会运行方式正在发生深刻变革,为新能源汽车产业提供了前所未有的发展机遇。经过多年持续努力,我国新能源汽车产业技术水平显著提升、产业体系日趋完善、企业竞争力大幅增强,2015年以来产销量、保有量连续五年居世界首位，产业进入叠加交汇、融合发展新阶段。必须抢抓战略机遇，巩固良好势头，充分发挥基础设施、信息通信等领域优势，不断提升产业核心竞争力，推动新能源汽车产业高质量可持续发展。

第三节　融合开放成为新能源汽车发展的新特征

随着汽车动力来源、生产运行方式、消费使用模式全面变革，新能源汽车产业生态正由零部件、整车研发生产及营销服务企业之间的“链式关系”，逐步演变成汽车、能源、交通、信息通信等多领域多主体参与的“网状生态”。相互赋能、协同发展成为各类市场主体发展壮大的内在需求，跨行业、跨领域融合创新和更加开放包容的国际合作成为新能源汽车产业发展的时代特征，极大地增强了产业发展动力，激发了市场活力，推动形成互融共生、合作共赢的产业发展新格局。

第二章　总体部署

第一节　总体思路

以习近平新时代中国特色社会主义思想为指引，坚持创新、协调、绿色、开放、共享的发展理念，以深化供给侧结构性改革为主线，坚持电动化、网联化、智能化发展方向，深入实施发展新能源汽车国家战略，以融合创新为重点，突破关键核心技术，提升产业基础能力，构建新型产业生态，完善基础设施体系，优化产业发展环境，推动我国新能源汽车产业高质量可持续发展，加快建设汽车强国。

第二节　基本原则

市场主导。充分发挥市场在资源配置中的决定性作用，强化企业在技术路线选择、生产服务体系建设等方面的主体地位;更好发挥政府在战略规划引导、标准法规制定、质量安全监管、市场秩序维护、绿色消费引导等方面作用,为产业发展营造良好环境。

创新驱动。深入实施创新驱动发展战略,建立以企业为主体、市场为导向、产学研用协同的技术创新体系,完善激励和保护创新的制度环境,鼓励多种技术路线并行发展,支持各类主体合力攻克关键核心技术、加大商业模式创新力度,形成新型产业创新生态。

协调推进。完善横向协同、纵向贯通的协调推进机制,促进新能源汽车与能源、交通、信息通信深度融合,统筹推进技术研发、标准制定、推广应用和基础设施建设,把超大规模市场优势转化为产业优势。

开放发展。践行开放融通、互利共赢的合作观,扩大高水平对外开放,以开放促改革、促发展、促创新;坚持"引进来"与"走出去"相结合,加强国际合作,积极参与国际竞争,培育新能源汽车产业新优势,深度融入全球产业链和价值链体系。

第三节 发展愿景

到 2025 年,我国新能源汽车市场竞争力明显增强,动力电池、驱动电机、车用操作系统等关键技术取得重大突破,安全水平全面提升。纯电动乘用车新车平均电耗降至 12.0 千瓦时/百公里,新能源汽车新车销售量达到汽车新车销售总量的 20% 左右,高度自动驾驶汽车实现限定区域和特定场景商业化应用,充换电服务便利性显著提高。

力争经过 15 年的持续努力,我国新能源汽车核心技术达到国际先进水平,质量品牌具备较强国际竞争力。纯电动汽车成为新销售车辆的主流,公共领域用车全面电动化,燃料电池汽车实现商业化应用,高度自动驾驶汽车实现规模化应用,充换电服务网络便捷高效,氢燃料供给体系建设稳步推进,有效促进节能减排水平和社会运行效率的提升。

第三章　提高技术创新能力

第一节　深化“三纵三横”研发布局

强化整车集成技术创新。以纯电动汽车、插电式混合动力（含增程式）汽车、燃料电池汽车为“三纵”，布局整车技术创新链。研发新一代模块化高性能整车平台，攻关纯电动汽车底盘一体化设计、多能源动力系统集成技术，突破整车智能能量管理控制、轻量化、低摩阻等共性节能技术，提升电池管理、充电连接、结构设计等安全技术水平，提高新能源汽车整车综合性能。

提升产业基础能力。以动力电池与管理系统、驱动电机与电力电子、网联化与智能化技术为“三横”，构建关键零部件技术供给体系。开展先进模块化动力电池与燃料电池系统技术攻关，探索新一代车用电机驱动系统解决方案，加强智能网联汽车关键零部件及系统开发，突破计算和控制基础平台技术、氢燃料电池汽车应用支撑技术等瓶颈，提升基础关键技术、先进基础工艺、基础核心零部件、关键基础材料等研发能力。

专栏1　新能源汽车核心技术攻关工程
实施电池技术突破行动。开展正负极材料、电解液、隔膜、膜电极等关键核心技术研究，加强高强度、轻量化、高安全、低成本、长寿命的动力电池和燃料电池系统短板技术攻关，加快固态动力电池技术研发及产业化。 实施智能网联技术创新工程。以新能源汽车为智能网联技术率先应用的载体，支持企业跨界协同，研发复杂环境融合感知、智能网联决策与控制、信息物理系统架构设计等关键技术，突破车载智能计算平台、高精度地图与定位、车辆与车外其他设备间的无线通信（V2X）、线控执行系统等核心技术和产品。 实施新能源汽车基础技术提升工程。突破车规级芯片、车用操作系统、新型电子电气架构、高效高密度驱动电机系统等关键技术和产品，攻克氢能储运、加氢站、车载储氢等氢燃料电池汽车应用支撑技术。支持基础元器件、关键生产装备、高端试验仪

续表

器、开发工具、高性能自动检测设备等基础共性技术研发创新，攻关新能源汽车智能制造海量异构数据组织分析、可重构柔性制造系统集成控制等关键技术，开展高性能铝镁合金、纤维增强复合材料、低成本稀土永磁材料等关键材料产业化应用。

第二节　加快建设共性技术创新平台

建立健全龙头企业、国家重点实验室、国家制造业创新中心联合研发攻关机制，聚焦核心工艺、专用材料、关键零部件、制造装备等短板弱项，从不同技术路径积极探索，提高关键共性技术供给能力。引导汽车、能源、交通、信息通信等跨领域合作，建立面向未来出行的新能源汽车与智慧能源、智能交通融合创新平台，联合攻关基础交叉关键技术，提升新能源汽车及关联产业融合创新能力。

第三节　提升行业公共服务能力

依托行业协会、创新中心等机构统筹推进各类创新服务平台共建共享，提高技术转移、信息服务、人才培训、项目融资、国际交流等公共服务支撑能力。应用虚拟现实、大数据、人工智能等技术，建立汽车电动化、网联化、智能化虚拟仿真和测试验证平台，提升整车、关键零部件的计量测试、性能评价与检测认证能力。

第四章　构建新型产业生态

第一节　支持生态主导型企业发展

鼓励新能源汽车、能源、交通、信息通信等领域企业跨界协同，围绕多元化生产与多样化应用需求，通过开放合作和利益共享，打造涵盖解决方案、研发生产、使用保障、运营服务等产业链关键环节的生态主导型企业。在产业基础好、创新要素集聚的地区，发挥龙头企业带动作用，培育若干上下游协同创新、大中小企业融通发展、具有国际影响力和竞争力的新能源汽车产业集群，提升产业链现代化水平。

第二节　促进关键系统创新应用

加快车用操作系统开发应用。 以整车企业需求为牵引，发挥龙头企业、国家制造业创新中心等创新平台作用，坚持软硬协同攻关，集中开发车用操作系统。围绕车用操作系统，构建整车、关键零部件、基础数据与软件等领域市场主体深度合作的开发与应用生态。通过产品快速迭代，扩大用户规模，加快车用操作系统产业化应用。

专栏 2　车用操作系统生态建设行动
适应新能源汽车智能化应用需求，鼓励整车及零部件、互联网、电子信息、通信等领域企业组成联盟，以车用操作系统开发与应用为核心，通过迭代升级，提升操作系统与应用程序的安全性、可靠性、便利性，扩大应用规模，形成开放共享、协同演进的良好生态。

推动动力电池全价值链发展。 鼓励企业提高锂、镍、钴、铂等关键资源保障能力。建立健全动力电池模块化标准体系，加快突破关键制造装备，提高工艺水平和生产效率。完善动力电池回收、梯级利用和再资源化的循环利用体系，鼓励共建共用回收渠道。建立健全动力电池运输仓储、维修保养、安全检验、退役退出、回收利用等环节管理制度，加强全生命周期监管。

专栏 3　建设动力电池高效循环利用体系
立足新能源汽车可持续发展，落实生产者责任延伸制度，加强新能源汽车动力电池溯源管理平台建设，实现动力电池全生命周期可追溯。支持动力电池梯次产品在储能、备能、充换电等领域创新应用，加强余能检测、残值评估、重组利用、安全管理等技术研发。优化再生利用产业布局，推动报废动力电池有价元素高效提取，促进产业资源化、高值化、绿色化发展。

第三节　提升智能制造水平

推进智能化技术在新能源汽车研发设计、生产制造、仓储物流、经营管理、售后服务等关键环节的深度应用。加快新能源汽车智能制造仿真、管理、控制等核心工业软件开发和集成,开展智能工厂、数字化车间应用示范。加快产品全生命周期协同管理系统推广应用,支持设计、制造、服务一体化示范平台建设,提升新能源汽车全产业链智能化水平。

第四节　强化质量安全保障

推进质量品牌建设。开展新能源汽车产品质量提升行动,引导企业加强设计、制造、测试验证等全过程可靠性技术开发应用,充分利用互联网、大数据、区块链等先进技术,健全产品全生命周期质量控制和追溯机制。引导企业强化品牌发展战略,以提升质量和服务水平为重点加强品牌建设。

健全安全保障体系。落实企业负责、政府监管、行业自律、社会监督相结合的安全生产机制。强化企业对产品安全的主体责任,落实生产者责任延伸制度,加强对整车及动力电池、电控等关键系统的质量安全管理、安全状态监测和维修保养检测。健全新能源汽车整车、零部件以及维修保养检测、充换电等安全标准和法规制度,加强安全生产监督管理和新能源汽车安全召回管理。鼓励行业组织加强技术交流,梳理总结经验,指导企业不断提升安全水平。

第五章　推动产业融合发展

第一节　推动新能源汽车与能源融合发展

加强新能源汽车与电网(V2G)能量互动。加强高循环寿命动力电池技术攻关,推动小功率直流化技术应用。鼓励地方开展V2G示范应用,统筹新能源汽车充放电、电力调度需求,综合运用峰谷电价、新能源汽车充电优惠等政策,实现新能源汽车与电网能量高效互动,降低新能源汽车用电成本,提高电网调峰调频、安全应急等响应能力。

促进新能源汽车与可再生能源高效协同。推动新能源汽车与气象、可再生能源电力预测预报系统信息共享与融合,统筹新能源汽车能源利用与风力发电、光伏发电协同调度,提升可再生能源应用比例。鼓励"光储充放"(分布式光伏发电—储能系统—充放电)多功能综合一体站建设。支持有条件的地区开展燃料电池汽车商业化示范运行。

第二节　推动新能源汽车与交通融合发展

发展一体化智慧出行服务。加快建设涵盖前端信息采集、边缘分布式计算、云端协同控制的新型智能交通管控系统。加快新能源汽车在分时租赁、城市公交、出租汽车、场地用车等领域的应用,优化公共服务领域新能源汽车使用环境。引导汽车生产企业和出行服务企业共建"一站式"服务平台,推进自动代客泊车技术发展及应用。

构建智能绿色物流运输体系。推动新能源汽车在城市配送、港口作业等领域应用,为新能源货车通行提供便利。发展"互联网+"高效物流,创新智慧物流营运模式,推广网络货运、挂车共享等新模式应用,打造安全高效的物流运输服务新业态。

第三节　推动新能源汽车与信息通信融合发展

推进以数据为纽带的"人—车—路—云"高效协同。基于汽车感知、交通管控、城市管理等信息,构建"人—车—路—云"多层数据融合与计算处理平台,开展特定场景、区域及道路的示范应用,促进新能源汽车与信息通信融合应用服务创新。

打造网络安全保障体系。健全新能源汽车网络安全管理制度，构建统一的汽车身份认证和安全信任体系，推动密码技术深入应用，加强车载信息系统、服务平台及关键电子零部件安全检测，强化新能源汽车数据分级分类和合规应用管理，完善风险评估、预警监测、应急响应机制，保障“车端—传输管网—云端”各环节信息安全。

第四节　加强标准对接与数据共享

建立新能源汽车与相关产业融合发展的综合标准体系，明确车用操作系统、车用基础地图、车桩信息共享、云控基础平台等技术接口标准。建立跨行业、跨领域的综合大数据平台，促进各类数据共建共享与互联互通。

专栏4　智慧城市新能源汽车应用示范行动
开展智能有序充电、新能源汽车与可再生能源融合发展、城市基础设施与城际智能交通、异构多模式通信网络融合等综合示范，支持以智能网联汽车为载体的城市无人驾驶物流配送、市政环卫、快速公交系统（BRT）、自动代客泊车和特定场景示范应用。

第六章　完善基础设施体系

第一节　大力推动充换电网络建设

加快充换电基础设施建设。科学布局充换电基础设施，加强与城乡建设规划、电网规划及物业管理、城市停车等的统筹协调。依托“互联网+”智慧能源，提升智能化水平，积极推广智能有序慢充为主、应急快充为辅的居民区充电服务模式，加快形成适度超前、快充为主、慢充为辅的高速公路和城乡公共充电网络，鼓励开展换电模式应用，加强智能有序充电、大功率充电、无线充电等新型充电技术研发，提高充电便利性和产品可靠性。

提升充电基础设施服务水平。引导企业联合建立充电设施运营服务平台，实现互联互通、信息共享与统一结算。加强充电设备与配电系统安全监测预警等技术研发，规范无线充电设施电磁频谱使用，提高充电设施安全性、一致性、可靠性，提升服务保障水平。

鼓励商业模式创新。结合老旧小区改造、城市更新等工作，引导多方联合开展充电设施建设运营，支持居民区多车一桩、临近车位共享等合作模式发展。鼓励充电场站与商业地产相结合，建设停车充电一体化服务设施，提升公共场所充电服务能力，拓展增值服务。完善充电设施保险制度，降低企业运营和用户使用风险。

第二节　协调推动智能路网设施建设

推进新一代无线通信网络建设，加快基于蜂窝通信技术的车辆与车外其他设备间的无线通信（C—V2X）标准制定和技术升级。推进交通标志标识等道路基础设施数字化改造升级，加强交通信号灯、交通标志标线、通信设施、智能路侧设备、车载终端之间的智能互联，推进城市道路基础设施智能化建设改造相关标准制定和管理平台建设。加快差分基站建设，推动北斗等卫星导航系统在高精度定位领域应用。

第三节　有序推进氢燃料供给体系建设

提高氢燃料制储运经济性。因地制宜开展工业副产氢及可再生能源制氢技术应用，加快推进先进适用储氢材料产业化。开展高压气态、深冷气态、低温液态及固态等多种形式储运技术示范应用，探索建设氢燃料运输管道，逐步降低氢燃料储运成本。健全氢燃料制储运、加注等标准体系。加强氢燃料安全研究，强化全链条安全监管。

推进加氢基础设施建设。建立完善加氢基础设施的管理规范。引导企业根据氢燃料供给、消费需求等合理布局加氢基础设施,提升安全运行水平。支持利用现有场地和设施,开展油、气、氢、电综合供给服务。

专栏 5 建设智能基础设施服务平台
统筹充换电技术和接口、加氢技术和接口、车用储氢装置、车用通信协议、智能化道路建设、数据传输与结算等标准的制修订,构建基础设施互联互通标准体系。引导企业建设智能基础设施、高精度动态地图、云控基础数据等服务平台,开展充换电、加氢、智能交通等综合服务试点示范,实现基础设施的互联互通和智能管理。

第七章 深化开放合作

第一节 扩大开放和交流合作

加强与国际通行经贸规则对接,全面实行准入前国民待遇加负面清单管理制度,对新能源市场主体一视同仁,建设市场化、法治化、国际化营商环境。发挥多双边合作机制、高层对话机制作用,支持国内外企业、科研院所、行业机构开展研发设计、贸易投资、基础设施、技术标准、人才培训等领域的交流合作。积极参与国际规则和标准制定,促进形成开放、透明、包容的新能源汽车国际化市场环境,打造国际合作新平台,增添共同发展新动力。

第二节 加快融入全球价值链

引导企业制定国际化发展战略,不断提高国际竞争能力,加大国际市场开拓力度,推动产业合作由生产制造环节向技术研发、市场营销等全链条延伸。鼓励企业充分利用境内外资金,建立国际化消费信贷体系。支持企业建立国际营销服务网络,在重点市场共建海外仓储和售后服务中心等服务平台。健全法律咨询、检测认证、人才培训等服务保障体系，引导企业规范海外经营行为，提升合规管理水平。

第八章 保障措施

第一节 深化行业管理改革

深入推进“放管服”改革，进一步放宽市场准入，实施包容审慎监管，促进新业态、新模式健康有序发展。完善企业平均燃料消耗量与新能源汽车积分并行管理办法，有效承接财政补贴政策，研究建立与碳交易市场衔接机制。加强事中事后监管，夯实地方主体责任，遏制盲目上马新能源汽车整车制造项目等乱象。推动完善道路机动车辆生产管理相关法规，建立健全僵尸企业退出机制，加强企业准入条件保持情况监督检查，促进优胜劣汰。充分发挥市场机制作用，支持优势企业兼并重组、做大做强，进一步提高产业集中度。

第二节 健全政策法规体系

落实新能源汽车相关税收优惠政策，优化分类交通管理及金融服务等措施。推动充换电、加氢等基础设施科学布局、加快建设，对作为公共设施的充电桩建设给予财政支持。破除地方保护，建立统一开放公平市场体系。鼓励地方政府加大对公共服务、共享出行等领域车辆运营的支持力度，给予新能源汽车停车、充电等优惠政策。2021 年起，国家生态文明试验区、大气污染防治重点区域的公共领域新增或更新公交、出租、物流配送等车辆中新能源汽车比例不低于 80%。制定将新能源汽车研发投入纳入国有企业考核体系的具体办法。加快完善适应智能网联汽车发展要求的道路交通、事故责任、数据使用等政策法规。加快推动动力电池回收利用立法。

第三节　加强人才队伍建设

加快建立适应新能源汽车与相关产业融合发展需要的人才培养机制，编制行业紧缺人才目录，优化汽车电动化、网联化、智能化领域学科布局，引导高等院校、科研院所、企业加大国际化人才引进和培养力度。弘扬企业家精神与工匠精神，树立正向激励导向，实行股权、期权等多元化激励措施。

第四节　强化知识产权保护

深入实施国家知识产权战略，鼓励科研人员开发新能源汽车领域高价值核心知识产权成果。严格执行知识产权保护制度，加大对侵权行为的执法力度。构建新能源汽车知识产权运营服务体系，加强专利运用转化平台建设，建立互利共享、合作共赢的专利运营模式。

第五节　加强组织协同

充分发挥节能与新能源汽车产业发展部际联席会议制度和地方协调机制作用，强化部门协同和上下联动，制定年度工作计划和部门任务分工，加强新能源汽车与能源、交通、信息通信等行业在政策规划、标准法规等方面的统筹，抓紧抓实抓细规划确定的重大任务和重点工作。各有关部门要围绕规划目标任务，根据职能分工制定本部门工作计划和配套政策措施。各地区要结合本地实际切实抓好落实，优化产业布局，避免重复建设。行业组织要充分发挥连接企业与政府的桥梁作用，协调组建行业跨界交流协作平台。工业和信息化部要会同有关部门深入调查研究，加强跟踪指导，推动规划顺利实施。

国务院办公厅关于加强石窟寺保护利用工作的指导意见

（2020 年 10 月 23 日　国办发〔2020〕41 号）

为深入贯彻习近平总书记关于石窟寺保护利用工作的重要批示精神，落实党中央、国务院决策部署，切实加强新时代石窟寺保护利用工作，经国务院同意，现提出以下意见。

一、重大意义

我国石窟寺分布广泛、规模宏大、体系完整，集建筑、雕塑、壁画、书法等艺术于一体，充分体现了中华民族的审美追求、价值理念、文化精神。加强石窟寺保护利用工作，事关中华优秀传统文化传承发展，事关社会主义文化强国建设，事关高质量共建"一带一路"和促进文明交流互鉴，具有重大意义。

党中央、国务院高度重视石窟寺保护利用工作。党的十八大以来，各级党委和政府支持开展石窟寺抢救保护、考古研究、展示利用等工作，取得明显成效，但也面临一些突出问题：石窟寺文物安全风险高，容易受地质灾害、生物病害影响和人为破坏；保护基础薄弱，中小石窟寺保护管理机构和相关专业人员不足；应对岩体风化、渗水、结构失稳等病害的关键保护技术尚未突破；系统考古研究不足，价值发掘阐释和展示利用水平不高等。各地区、各部门要深刻认识做好石窟寺保护利用工作的重要性和紧迫性，牢固树立保护文物也是政绩的科学理念，切实做好各项相关工作。

二、总体要求

（一）指导思想。

以习近平新时代中国特色社会主义思想为指导，深入贯彻落实习近平总书记关于文物工作系列重要论述精神，坚持统筹规划，不断完善体制机制;坚持保护第一,运用先进科学技术提高保护水平;坚持广聚人才,建设高素质、专业化的科研和文物修复队伍;坚持传承创新,挖掘弘扬石窟寺文化艺术魅力;坚持交流互鉴,服务"一带一路"建设,走出一条具有示范意义的石窟寺保护利用之路。

(二)总体目标。

到2022年,石窟寺管理体制机制创新取得重要进展,石窟寺重大险情全面消除,石窟寺"四有"(有保护范围、有标志说明、有记录档案、有专门机构或专人负责管理)工作基本健全,重点石窟寺安防设施全覆盖。到"十四五"末,中央和地方协同推进、部门间密切合作、社会力量积极参与的石窟寺保护长效机制基本形成;人才培养体系基本完善,保护管理机构和队伍更加健全;保护传承、研究阐发、科技攻关、传播交流协同推进,石窟寺保护利用水平显著提升,石窟寺文化影响力日益增强。

三、主要任务

(一)加大石窟寺抢救性保护力度。开展全国石窟寺保护情况调查,2021年上半年完成石窟寺保护利用专项规划编制工作,并推动有关内容与国民经济和社会发展规划衔接。实施石窟寺保护重大工程,分级压实政府责任,分类开展中小石窟寺抢救性保护、重要石窟寺保护示范、石窟寺安全防护设施建设,2022年底前全面消除石窟寺重大险情。坚持抢救性保护与预防性保护并重,加强日常养护和监测工作,定期开展文物健康评估,全面提升石窟寺保护能力。(国家文物局牵头,国家发展改革委、财政部、文化和旅游部、各省级人民政府按职责分工负责)

(二)建立石窟寺安全长效机制。落实文物安全主体责任、监管责任,实施石窟寺安全直接责任人公示公告制度。加强文物安全工作力量,推动实现石窟寺安全守护员和重点石窟寺安防设施全覆盖,并在石窟寺分布密集地区设置安全防护综合控制平台。将包括石窟寺在内的各类文物安全防范工作纳入立体化社会治安防控体系建设框架中推进落实,坚持群防群治,建立完善联合执法巡查制度，加强巡逻防控，及时严厉打击损坏、损毁石窟寺本体及其历史环境风貌等违法犯罪行为。（各省级人民政府牵头，公安部、国家文物局按职责分工负责）进一步完善打击文物犯罪联合长效机制，2022年底前开展一次以石窟寺文物盗窃盗割犯罪为重点的全国打击文物犯罪专项行动，有效遏制文物犯罪。坚决追缴被盗石窟寺文物，追索流失文物。开展石窟寺违规妆彩、涂画、燃香专项整治工作。（公安部、国家文物局、各省级人民政府按职责分工负责）

（三）深化学术研究和价值挖掘。建立完善中国石窟寺考古学研究体系，形成多学科合作研究模式，整合人文社会科学和自然科学研究力量，建设稳定的石窟寺学术科研队伍。有序开展考古调查、价值阐释、艺术研究和成果普及，2021年底前制定出台石窟寺考古中长期计划，2022年底前确定全国重要石窟寺考古报告编写体例并完成样稿，2035年底前完成全国重要石窟寺考古报告出版。（国家文物局牵头，中央宣传部、教育部、中国社科院等按职责分工负责）

（四）加强石窟寺数字化保护利用。加快制定石窟寺数据采集、加工、存储、管理等方面的标准规范。持续开展石窟寺壁画、彩塑、雕像、洞窟、摩崖石刻和海外中国石窟寺文物、敦煌文书等数字化工作。加强全国和区域性石窟寺数字资源管理和共享共用。（国家文物局牵头，科技部等按职责分工负责）

（五）提升石窟寺综合展示水平。实施石窟寺展示陈列提质工程，打造精品陈列展览，完善开放石窟寺的展示标识解说系统、游客服务设施，鼓励有条件的石窟寺建设遗址博物馆。推动形成联合办展、巡回展览、云展览等线上线下相融合的石窟寺展示模式。整合河西走廊、川渝的石窟寺资源建设国家文化遗产线路、国家遗址公园。（国家文物局牵头，中央宣传部、国家发展改革委、文化和旅游部等按职责分工负责）

（六）规范石窟寺旅游开发活动。坚持发展旅游以保护为前提，避免过度商业化、娱乐化。2020年底前核定、公布石窟寺景区游客承载量和重点洞窟的最大瞬时容量。鼓励采用限时限流、定制服务等方式规范引导参观活动。2022年底前制定公布石窟寺开放管理导则。在石窟寺类世界文化遗产、全国重点文物保护单位全面推广预约参观制。提升石窟寺讲解服务质量，编制专门培训教材及工作手册，加强对讲解员、导游的职业技能考核和上岗培训，规范讲解服务。（文化和旅游部、国家文物局按职责分工负责）

（七）深化石窟寺文化交流合作。加强与丝绸之路沿线国家的文化遗产保护合作，开展亚洲文化遗产保护行动，推动建立中外石窟寺结好关系。搭建高端学术平台，举办国际学术论坛，主动设置议题，促进石窟寺保护利用国际学术交流。在文物援助与合作项目中重点安排石窟寺考古研究、文物保护等项目。策划一批石窟寺文物外展精品项目，塑造中国石窟寺文化传播品牌，共同保护和传承人类优秀文明成果。（国家文物局牵头，外交部、文化和旅游部、国家国际发展合作署、中国社科院等按职责分工负责）

（八）发挥科技支撑和引领作用。强化石窟寺保护技术集成和系统解决方案供给能力，完善石窟寺保护科学技术体系。组织文博机构、高校、科研院所加快石窟寺病害检测、岩体稳定性评估、壁画和石刻保护修复新材料、无人智能监控等关键技术攻关，加强岩性地质特征、壁画制作工艺和各类病害发育机制等基础研究，传承创新传统技术和营造工艺，2022年底前安排一批国家重点研发计划、国家自然科学基金项目。统筹考虑建设相关领域跨学科国家重点实验室，发挥科技资源共享服务平台作用。（科技部牵头，教育部、国家自然科学基金委、国家文物局等按职责分工负责）

（九）完善人才教育培养体系。弘扬“莫高精神”，加强人才培养和队伍建设。依托高校、科研院所培养石窟寺考古、文物保护、数字化技术人才，2022年底前在北京大学、浙江大学、兰州大学、敦煌研究院初步建立以研究生教育为主的专门人才联合培养基地。健全职业教育体系，设立文物保护职业教育与培训基地，实现高技能人才素质提升和结构优化。(教育部牵头,中央宣传部、科技部、人力资源社会保障部、国家文物局等按职责分工负责)在事业单位改革中稳定基层文博队伍,加强石窟寺管理人员定期轮训,推动建立完善文物修复领域职业技能等级制度。优化绩效工资内部分配制度,落实文物考古职工野外工作津贴。扩大志愿者队伍。(国家文物局牵头,教育部、人力资源社会保障部、财政部、文化和旅游部等按职责分工负责)

(十)推进体制机制改革创新。健全国家和区域两级石窟寺协调保护研究机制,建设国家考古研究平台、国家文化遗产科技创新平台和区域级重点保护研究基地,符合条件的及时纳入国家级科技创新基地范围;支持将敦煌研究院建设成为世界文化遗产保护典范和敦煌学研究高地。创新中小石窟寺管理模式,提升中小石窟寺管理与专业水平。(国家文物局牵头,科技部、人力资源社会保障部、财政部、文化和旅游部、各省级人民政府等按职责分工负责)根据文物保护工作规律和特点,完善石窟寺保护利用项目政府采购管理方式。加强项目需求管理和履约验收,保证项目质量。针对石窟寺考古、本体修复等服务类项目特点和资质单位数量等,合理选择适当采购方式,综合评价并择优确定专业保护机构。涉及采购方式变更审批的,财政部门要简化审批程序,保障项目有序实施。(财政部牵头,国家发展改革委、国家文物局等按职责分工负责)优化工程管理,科学合理审慎确定工程内容和规模,鼓励采取设计施工一体化方式;中小石窟寺保护项目可选择专业保护机构作为项目管理单位。(国家发展改革委牵头,财政部、国家文物局等按职责分工负责)

四、实施保障

(一)加强组织领导。各地区、各部门要增强"四个意识"、坚定"四个自信"、做到"两个维护",将石窟寺保护作为重要内容提上议事日程。要落实政府主体责任,将文物工作纳入地方领导干部政绩考核综合评价体系。要建立多部门协调机制,研究解决石窟寺保护利用工作中的重大问题。

（二）强化投入保障。充分发挥地方政府区域管理优势和积极性，落实地方财政支出责任。规范石窟寺保护利用项目经费和中央预算内投资管理，完善支出标准，加快预算执行。严格按照核定后的项目预算控制数推进项目实施，不得重复评审，不得截留、挤占、挪用资金或擅自调整项目实施方案、采购需求、采购合同。不足两年的结转资金可由同级财政部门按规定统筹用于其他石窟寺保护项目。加强资金使用事中事后监管，提高资金使用效益。

（三）加强督促落实。强化石窟寺保护利用项目实施情况的事中事后评估，推行“双随机、一公开”监管，实行石窟寺保护情况通报制度。各地区要按照本意见要求，结合实际研究制定具体落实举措。文化和旅游部、国家文物局要加强对各地区贯彻落实情况的跟踪评估，重大问题向党中央、国务院报告。

国务院办公厅关于推进对外贸易创新发展的实施意见

（2020 年 10 月 25 日　国办发〔2020〕40 号）

对外贸易是我国开放型经济的重要组成部分和国民经济发展的重要推动力量。为深入贯彻党中央、国务院关于推进贸易高质量发展的决策部署，经国务院同意，现就推进对外贸易创新发展提出如下意见：

一、总体要求

以习近平新时代中国特色社会主义思想为指导，全面贯彻党的十九大和十九届二中、三中、四中、五中全会精神，坚持新发展理念，坚持以供给侧结构性改革为主线，坚定不移扩大对外开放，稳住外贸外资基本盘，稳定产业链供应链，进一步深化科技创新、制度创新、模式和业态创新。围绕构建以国内大循环为主体、国内国际双循环相互促进的新发展格局,加快推进国际市场布局、国内区域布局、经营主体、商品结构、贸易方式等“五个优化”和外贸转型升级基地、贸易促进平台、国际营销体系等“三项建设”,培育新形势下参与国际合作和竞争新优势,实现外贸创新发展。

二、创新开拓方式,优化国际市场布局

优化国际经贸环境。坚定维护以世界贸易组织为核心的多边贸易体制,坚决反对单边主义和保护主义,支持世界贸易组织必要改革,积极参与国际贸易规则制定。推动《区域全面经济伙伴关系协定》(RCEP)尽早签署。加快推进中日韩自由贸易协定、中国—海合会自由贸易协定谈判,积极商签更多高标准自由贸易协定和区域贸易协定。

推进贸易畅通工作机制建设。落实好已签署的共建“一带一路”合作文件,大力推动与重点市场国家特别是共建“一带一路”国家商建贸易畅通工作组、电子商务合作机制、贸易救济合作机制,推动解决双边贸易领域突出问题。

利用新技术新渠道开拓国际市场。充分运用第五代移动通信(5G)、虚拟现实(VR)、增强现实(AR)、大数据等现代信息技术,支持企业利用线上展会、电商平台等渠道开展线上推介、在线洽谈和线上签约等。推进展会模式创新,探索线上线下同步互动、有机融合的办展新模式。

提升公共服务水平。加大对重点市场宣传推介力度,及时发布政策和市场信息。加强国别贸易投资法律政策研究。建设跨境贸易投资综合法律支援平台。做好企业境外商务投诉服务。提升商事法律、标准体系建设等方面服务水平。

三、发挥比较优势,优化国内区域布局

提高东部地区贸易质量。加强京津冀协同发展,围绕雄安新区建设开放发展先行区的定位,全面对标国际高标准贸易规则。以长江三角洲区域一体化发展战略为依托,打造高水平开放平台。

以上海自由贸易试验区临港新片区为载体,进一步提升浦东新区开放水平,打造更具国际竞争力的特殊经济功能区。以广州南沙、深圳前海、珠海横琴等重大合作平台为重点,加强贸易领域规则衔接、制度对接,推进粤港澳市场一体化发展。

提升中西部地区贸易占比。支持中西部地区深度融入共建"一带一路"大格局,构筑内陆地区效率高、成本低、服务优的国际贸易通道。加快边境经济合作区和跨境经济合作区建设,扩大与周边国家经贸往来。实施黄河流域生态保护和高质量发展战略,推动成渝地区双城经济圈建设,打造内陆开放战略高地。积极推进中西部地区承接产业转移示范区建设。培育和建设新一批加工贸易梯度转移重点承接地和示范地。

扩大东北地区对外开放。支持东北地区开展大宗资源性商品进出口贸易,探索设立大宗资源性商品交易平台。发挥装备制造业基础优势,积极参与承揽大型成套设备出口项目。落实好中俄远东合作规划,稳步推进能源资源、农林开发等领域合作项目,加强毗邻地区贸易和产业合作,发挥大图们倡议等合作机制作用,提升面向东北亚合作水平。

创新区域间外贸合作机制。以国家级新区、承接产业转移示范区为重点,建立产业转移承接结对合作机制。鼓励中西部和东北重点地区承接产业转移平台建设,完善基础设施,建设公共服务平台,提升承接产业转移能力。完善东中西加工贸易产业长效对接机制,深化中国加工贸易产品博览会等平台功能,加强投资信息共享,举办梯度转移对接交流活动。

四、加强分类指导,优化经营主体

培育具有全球竞争力的龙头企业。在通信、电力、工程机械、轨道交通等领域,以市场为导向,培育一批具有较强创新能力和国际竞争力的龙头企业。引导企业创新对外合作方式,优化资源、品牌和营销渠道。构建畅通的国际物流运输体系、资金结算支付体系和海外服务网络。

增强中小企业贸易竞争力。开展中小外贸企业成长行动计划。推进中小企业“抱团出海”行动。鼓励“专精特新”中小企业走国际化道路，在元器件、基础件、工具、模具、服装、鞋帽等行业，鼓励形成一批竞争力强的“小巨人”企业。

提升协同发展水平。发挥行业龙头企业引领作用，探索组建企业进出口联盟，促进中小企业深度融入供应链。支持龙头企业搭建资源和能力共享平台。引导企业与境外产业链上下游企业加强供需保障的互利合作。稳存量，促增量，充分发挥外资对外贸创新发展的带动作用。

主动服务企业。建立和完善重点外贸外资企业联系服务机制。发挥贸促机构、行业商协会作用，共同推动解决企业遇到的困难和问题。

五、创新要素投入，优化商品结构

保护和发展产业链供应链。保障在全球产业链中有重要影响的企业和关键产品生产出口，维护国际供应链稳定。拓展重点市场产业链供应链，实现物流、商流、资金流、信息流等互联互通。推进供应链数字化和智能化发展。搭建应急供应链综合保障平台。提升全球产业链供应链风险防控能力。积极参与和推动国际产业链供应链保障合作。

推动产业转型升级。实施新一轮技术改造升级工程。开展先进制造业集群培育试点示范，创建一批国家制造业高质量发展试验区。加快推进战略性新兴产业集群建设。鼓励企业实施绿色化、智能化、服务化改造。提高农业产业竞争力，建设一批农产品贸易高质量发展基地。

优化出口产品结构。积极推动电力、轨道交通、通信设备、船舶及海洋工程、工程机械、航空航天等装备类大型成套设备开拓国际市场。提高生物技术、节能环保、新一代信息技术、新能源、机器人等新兴产业的国际竞争力。推动纺织、服装、箱包、鞋帽等劳动密集型产品高端化、精细化发展。提升农产品精深加工能力和特色发展水平,扩大高附加值农产品出口。

提高出口产品质量。加强全面质量管理,严把供应链质量关。加强质量安全风险预警和快速反应监管体系建设。建设一批重点出口产品质量检测公共服务平台。加快推进与重点出口市场认证证书和检测结果互认。鼓励企业使用国际标准和国外先进标准,充分利用国际认可的产品检测和认证体系,按照国际标准开展生产和质量检验。

优化进口结构。适时调整部分产品关税。发挥《鼓励进口技术和产品目录》引导作用,扩大先进技术、重要装备和关键零部件进口。支持能源资源产品进口。鼓励优质消费品进口。加强对外农业产业链供应链建设,增加国内紧缺和满足消费升级需求的农产品进口。扩大咨询、研发设计、节能环保、环境服务等知识技术密集型服务进口和旅游进口。

六、创新发展模式,优化贸易方式

做强一般贸易。扩大一般贸易规模,提升产品附加值,增强谈判、议价能力。鼓励企业加强研发、品牌培育、渠道建设,增强关键技术、核心零部件生产和供给能力。在有条件的地区、行业和企业建立品牌推广中心,鼓励形成区域性、行业性品牌。

提升加工贸易。加大对加工贸易转型升级示范区和试点城市的支持力度,培育认定新一批试点城市,支持探索创新发展新举措。提升加工贸易技术含量和附加值,延长产业链,由加工组装向技术、品牌、营销环节延伸。支持保税维修等新业态发展。动态调整加工贸易禁止类商品目录。

发展其他贸易。落实促进边境贸易创新发展政策,修订《边民互市贸易管理办法》。制订边民互市进口商品负面清单,开展边民互市进口商品落地加工试点。培育发展边境贸易商品市场和商贸中心。支持边境地区发展电子商务。探索发展新型贸易方式。支持在自由贸易港、自由贸易试验区探索促进新型国际贸易发展。

促进内外贸一体化。优化市场流通环境,便利企业统筹用好国际国内两个市场，降低出口产品内销成本。鼓励出口企业与国内大型商贸流通企业对接，多渠道搭建内销平台，扩大内外销产品“同线同标同质”实施范围。加强宣传推广和公共服务，推动内销规模化、品牌化。

七、创新运营方式，推进国家外贸转型升级基地建设

健全组织管理。依托各类产业集聚区，加快基地建设，做大做强主导产业链，完善配套支撑产业链，增强供给能力。建立多种形式的基地管理服务机构。

建设公共服务平台。依托研究院所、大专院校、贸促机构、行业商协会、专业服务机构和龙头企业，搭建研发、检测、营销、信息、物流等方面的公共服务平台。

八、创新服务模式，推进贸易促进平台建设

办好进博会、广交会等一批综合展会。对标国际一流展会，丰富完善中国国际进口博览会功能，着力提升国际化、专业化水平，增强吸引力和国际影响力，确保“越办越好”。研究推行中国进出口商品交易会线上线下融合办展新模式。拓展中国国际服务贸易交易会、中国国际高新技术成果交易会等展会功能。优化现有展会，培育若干知名度高、影响力大的国际展会。

培育进口贸易促进创新示范区。充分发挥示范区在促进进口、服务产业、提升消费等方面的示范引领作用。提升监管水平，加强服务创新。研究建立追踪问效、评估和退出机制。

九、创新服务渠道，推进国际营销体系建设

加快建立国际营销体系。鼓励企业以合作、自建等方式，完善营销和服务保障体系，开展仓储、展示、批发、销售、接单签约及售后服务。推进售后云服务模式和远端诊断、维修。重点推动汽车、机床等行业品牌企业建设国际营销服务网点。

推进国际营销公共平台建设。充分发挥平台带动和示范作用，助力企业开拓国际市场。研究建立评估及退出机制。建设国际营销公共服务平台网络，共享平台资源。

十、创新业态模式，培育外贸新动能

促进跨境电商等新业态发展。积极推进跨境电商综合试验区建设，不断探索好经验好做法，研究建立综合试验区评估考核机制。支持建设一批海外仓。扩大跨境电商零售进口试点。推广跨境电商应用，促进企业对企业（B2B）业务发展。研究筹建跨境电商行业联盟。推进市场采购贸易方式试点建设，总结经验并完善配套服务。促进外贸综合服务企业发展，研究完善配套监管政策。

积极推进二手车出口。建立健全二手车出口管理与促进体系，扩大二手车出口业务，完善质量检测标准，实行全国统一的出口检测规范。强化二手车境外售后服务体系建设，鼓励有条件的企业在重点市场建立公共备品备件库，提高售后服务质量。培育和支持二手车出口行业组织发展。

加快发展新兴服务贸易。加快发展对外文化贸易，加大对国家文化出口重点企业和重点项目的支持，加强国家文化出口基地建设。加快服务外包转型升级，开展服务外包示范城市动态调整，大力发展高端生产性服务外包。加强国家中医药服务出口基地建设，扩大中医药服务出口。

加快贸易数字化发展。大力发展数字贸易，推进国家数字服务出口基地建设，鼓励企业向数字服务和综合服务提供商转型。支持企业不断提升贸易数字化和智能化管理能力。建设贸易数字化公共服务平台，服务企业数字化转型。

十一、优化发展环境，完善保障体系

发挥自由贸易试验区、自由贸易港制度创新作用。扩大开放领域，推动外向型经济主体及业务在自由贸易试验区汇聚。推动出台海南自由贸易港法。以贸易自由化便利化为重点，突出制度集成创新，研究优化贸易方案，扎实推进海南自由贸易港建设，制定海南自由贸易港禁止、限制进出口的货物、物品清单，清单外货物、物品自由进出；出台海南自由贸易港跨境服务贸易负面清单，进一步规范影响服务贸易自由便利的国内规制，为适时向更大范围推广积累经验。

不断提升贸易便利化水平。进一步简化通关作业流程，精简单证及证明材料。创新海关核查模式，推进“网上核查”改革。进一步完善国际贸易“单一窗口”功能，推进全流程作业无纸化。建立更加集约、高效、运行通畅的船舶便利通关查验新模式，加快推进“单一窗口”功能覆盖海运和贸易全链条。

优化进出口管理和服务。完善大宗商品进出口管理。有序推动重点商品进出口管理体制改革。加强口岸收费管理，严格执行口岸收费目录清单制度，持续清理规范进出口环节涉企收费。降低港口收费，进一步减并港口收费项目，降低政府定价的港口经营服务性项目收费标准。积极推动扩大出口退税无纸化申报范围，持续加快出口退税办理进度。扩大贸易外汇收支便利化试点，便利跨境电商外汇结算。

强化政策支持。在符合世界贸易组织规则前提下，加大财政金融支持力度。用好外经贸发展专项资金，推动外贸稳中提质、创新发展。落实再贷款、再贴现等金融支持政策，加快贷款投放进度，引导金融机构增加外贸信贷投放，落实好贷款阶段性延期还本付息等政策，加大对中小微外贸企业支持。充分发挥进出口信贷和出口信用保险作用，进一步扩大出口信用保险覆盖面，根据市场化原则适度降低保险费率。

加强国际物流保障。确保国际海运保障有力，提升国际航空货运能力，促进国际道路货运便利化。提升中欧班列等货运通道能力，加强集结中心示范工程建设，以市场化为原则，鼓励运营企业完善境外物流网络，增强境外物流节点的联运、转运和集散能力，拓展回程货源，提高国际化运营竞争力。鼓励港航企业与铁路企业加强合作，积极发展集装箱铁水联运。

提升风险防范能力。统筹发展和安全，切实防范、规避重大风险。坚持底线思维，保障粮食、能源和资源安全。努力构建现代化出口管制体系。严格实施出口管制法。优化出口管制许可和执法体系，推动出口管制合规和国际合作体系建设。完善对外贸易调查制度，丰富调查工具。健全预警和法律服务机制，构建主体多元、形式多样的工作体系。健全贸易救济调查工作体系，提升运用规则的能力和水平。完善贸易摩擦应对机制，推动形成多主体协同应对的工作格局。研究设立贸易调整援助制度。

加强组织实施。加强党对外贸工作的全面领导。充分发挥国务院推进贸易高质量发展部际联席会议制度作用，整体推进外贸创新发展。商务部要会同有关部门加强协调指导，各地方要抓好贯彻落实。重大情况及时向党中央、国务院报告。

国务院办公厅关于全面推行证明事项和涉企经营许可事项告知承诺制的指导意见

（2020年10月27日　国办发〔2020〕42号）

持续开展“减证便民”行动，深化“证照分离”改革，是党中央、国务院重大决策部署，是深入推进简政放权、放管结合、优化服务改革的重点工作。2019年5月，国务院决定，在天津等13个省（直辖市）和公安部等5个国务院部门开展证明事项告知承诺制试点。2015年以来，国务院决定，在上海市浦东新区等地对部分涉企经营许可事项实行告知承诺制并逐步向全国复制推广。这些改革实践取得了积极成效，对减少证明事项、简化行政审批、方便企业和群众办事创业发挥了重要作用。为深化“放管服”改革、优化营商环境，激发市场主体发展活力和社会创造力，依法保障和服务疫情防控常态化条件下经济社会发展，扎实做好“六稳”工作、全面落实“六保”任务，经国务院同意，现就各地区、各部门全面推行证明事项和涉企经营许可事项告知承诺制提出以下意见。

一、总体要求

（一）指导思想。以习近平新时代中国特色社会主义思想为指导，全面贯彻党的十九大和十九届二中、三中、四中、五中全会精神，按照党中央、国务院决策部署，坚持以人民为中心的发展思想，深入推进"放管服"改革，加快转变政府职能，针对直接面向企业和群众、依申请办理的行政事项，全面推行证明事项和涉企经营许可事项告知承诺制，创新政府服务和管理的理念、方式，方便企业和群众办事创业，推进政府治理体系和治理能力现代化，努力建设人民满意的服务型政府。

（二）基本原则。

——坚持问题导向。以方便企业和群众办事创业为导向，聚焦企业和群众办事创业的"堵点"、"痛点"，切实解决企业和群众办证多、办事难等问题。

——坚持高效便民。以社会普遍关注的领域和事项为重点，优化办事流程，完善便民服务措施，进一步提高工作的针对性、实效性，力戒形式主义、官僚主义。

——坚持协同推进。加强与政务信息资源共享、信用体系建设、"互联网+政务服务"等工作的衔接，充分发挥叠加效应，形成协同推进的体制机制。

——坚持风险可控。结合各地区经济社会发展实际和各部门行政管理工作实际，稳妥有序推进改革。坚持分级分类，精准确定实行告知承诺制的事项范围，因地制宜，因类施策，分步推进，动态调整。落实放管结合、并重的要求，创新和加强事中事后监管，有效监督承诺履行情况，实现过程可控、风险可控，维护企业和群众合法权益。

（三）工作目标。在各级行政机关或者法律法规授权的具有管理公共事务职能的组织（以下统称行政机关）办理行政许可、行政确认、行政给付等依申请的行政事项（以下简称行政事项）要求提供证明材料时实行证明事项告知承诺制，在行政机关办理涉企经营许可事项时实行告知承诺制，以行政机关清楚告知、企业和群众诚信守诺为重点，推动形成标准公开、规则公平、预期明确、各负其责、信用监管的治理模式，从制度层面进一步解决企业和群众办证多、办事难等问题。

二、主要任务

（四）明确实行告知承诺制的证明事项。本意见所称证明，是指公民、法人和其他组织在依法向行政机关申请办理行政事项时，提供的需要由行政机关或者其他机构出具、用以描述客观事实或者表明符合特定条件的材料。证明事项告知承诺制，是指公民、法人和其他组织在向行政机关申请办理行政事项时，行政机关以书面形式（含电子文本，下同）将证明义务、证明内容以及不实承诺的法律责任一次性告知申请人，申请人书面承诺已经符合告知的相关要求并愿意承担不实承诺的法律责任，行政机关不再索要有关证明并依据书面承诺办理相关行政事项的工作机制。

各省、自治区、直辖市人民政府，实行垂直管理的国务院部门和实行以部门为主的双重领导管理体制的系统要结合实际确定实行告知承诺制的证明事项范围，国务院其他部门要确定部门本级实行告知承诺制的证明事项范围。要按照最大限度利民便民原则，有针对性地选取与企业和群众生产生活密切相关、使用频次较高或者获取难度较大的证明事项实行告知承诺制，特别是在户籍管理、市场主体准营、资格考试、社会保险、社会救助、健康体检、法律服务等方面，要抓紧推行、尽快落实。直接涉及国家安全、国家秘密、公共安全、金融业审慎监管、生态环境保护，直接关系人身健康、生命财产安全，以及重要涉外等风险较大、纠错成本较高、损害难以挽回的证明事项不适用告知承诺制。

（五）明确实行告知承诺制的涉企经营许可事项范围。对涉企经营许可事项，申请人就其符合许可条件作出承诺，通过事中事后监管能够纠正不符合许可条件行为、有效防范风险的，实行告知承诺制。法律、行政法规、国务院决定设定的涉企经营许可事项实行告知承诺制的，由国务院审改办会同国务院有关部门研究提出建议，报国务院批准。地方性法规、地方政府规章设定的涉企经营许可事项实行告知承诺制的，由省、自治区、直辖市或者设区的市、自治州审改办会同有关部门研究提出建议，报本级人民政府批准。涉及法律法规规章调整的，要依法获得授权，推动相关法律法规规章立改废释。涉企经营许可事项以外的行政许可事项，可参照本意见实行告知承诺制。

（六）确定告知承诺制的适用对象。对于实行告知承诺制的证明事项和涉企经营许可事项，申请人可自主选择是否采用告知承诺制方式办理。申请人不愿承诺或者无法承诺的，应当提交法律法规或者国务院决定要求的证明，或者按照一般程序办理涉企经营许可事项。申请人有较严重的不良信用记录或者存在曾作出虚假承诺等情形的，在信用修复前不适用告知承诺制。

（七）规范告知承诺制工作流程。要公布实行告知承诺制的证明事项和涉企经营许可事项目录，按照全面准确、权责清晰、通俗易懂的要求，科学编制告知承诺制工作规程，修改完善办事指南，制作告知承诺书格式文本。告知承诺制办事指南、告知承诺书格式文本要通过相关服务场所、网站和全国一体化政务服务平台等渠道公布，方便申请人查阅、索取或者下载。书面告知的内容应当包括事项名称，设定依据，证明内容或者许可条件和材料要求，承诺方式，不实承诺可能承担的民事、行政、刑事责任，行政机关核查权力，承诺书是否公开、公开范围及时限等。要坚持实事求是，相关要求要可量化、易操作，不含模糊表述或兜底条款。书面承诺的内容应当包括申请人已知晓告知事项、已符合相关条件、愿意承担不实承诺的法律责任以及承诺的意思表示真实等。涉企经营许可事项实行告知承诺制的，如申请人自愿签署告知承诺书并按要求提交材料，行政机关应当当场作出行政许可决定。实行告知承诺制的涉企经营许可事项，其许可材料同时实行证明事项告知承诺制的，要一次性告知和承诺，按涉企经营许可事项告知承诺制程序办理。对有关告知承诺制的投诉举报要及时处理。

（八）加强事中事后核查。要针对事项特点等分类确定核查办法，将承诺人的信用状况作为确定核查办法的重要因素，明确核查时间、标准、方式以及是否免予核查。对免予核查的事项，行政机关要综合运用“双随机、一公开”监管、重点监管、“互联网+监管”、智慧监管等方式实施日常监管，不得对通过告知承诺制方式办理的企业和群众采取歧视性监管措施。对在核查或者日常监管中发现承诺不实的，行政机关要依法终止办理、责令限期整改、撤销行政决定或者予以行政处罚，并纳入信用记录。涉嫌犯罪的，依法移送司法机关。

各地区、各部门要认真贯彻落实《国务院关于在线政务服务的若干规定》。国务院各部门要及时解决部门与省、自治区、直辖市人民政府间政务信息资源共享不畅问题，各地区要扎实推进本地区政务信息共享工作，依托全国一体化政务服务平台等实现跨地区、跨部门、跨层级数据共享和业务协同，建立告知承诺制在线核查支撑体系。行政机关要利用政务信息共享平台、政务服务移动客户端、区块链技术等收集、比对相关数据，实施在线核查，也可以通过检查、勘验等方式开展现场核查。确需进行现场核查的，要依托“互联网+监管”平台和应用程序等，将承诺情况及时准确推送给有关监管人员，为一线监管执法提供信息支撑，同时要优化工作程序、加强业务协同，避免烦企扰民。相关数据尚未实现网络共享、难以通过上述方式核查的，可以请求其他行政机关协助核查，被请求协助的行政机关应当及时履行协助义务，不得推诿或者拒绝；确有原因不能提供协助的，应当书面告知请求协助的行政机关并说明理由。

（九）加强信用监管。要加强告知承诺信用管理制度建设，依法科学界定告知承诺失信行为。建立告知承诺信用信息记录、归集、推送工作机制，将承诺人履行承诺情况全面纳入信用记录，依托各级信用信息共享平台和行业信用信息系统，加强信用信息互联互通和共享。按照信用状况，实施分类精准监管。探索建立信用修复、异议处理机制。依法加大失信惩戒力度，根据虚假承诺造成的社会影响进行失信程度分级，区分不同失信情形实施相应惩戒措施。要根据有关法律规定，做好有关个人信息和商业秘密保护。

（十）强化风险防范措施。要梳理工作环节风险点，制定防控措施，切实提高风险防范能力。要加强行政指导，强化告知和指导义务。建立承诺退出机制，在行政事项办结前，申请人有合理理由的，可以撤回承诺申请，撤回后应当按原程序办理。对涉及社会公共利益、第三人利益或者核查难度较大的证明事项和涉企经营许可事项，行政机关要根据政府信息公开等规定，通过相关服务场所、网站和全国一体化政务服务平台等向社会公开告知承诺书，接受社会监督。具备条件的地区和部门可以探索建立事前信用预警系统，对申请人进行信用评估，加强事前风险防控。对涉及经济利益价值较高、事中事后核查难度较大的事项，可以探索引入责任保险制度，降低实行告知承诺制可能引发的行政赔偿风险。

三、保障措施

（十一）加强组织领导。各地区、各部门要切实加强对本地区、本部门全面推行告知承诺制工作的领导，抓好组织实施。地方各级人民政府及其部门的主要负责同志作为本地区、本部门全面推行告知承诺制工作的第一责任人，要及时了解掌握有关工作情况，研究解决工作中的重大问题，确保工作有方案、部署有进度、推进有举措、结果有考核。县级以上地方人民政府要建立审改、司法行政、政务服务、信息公开、电子政务、发展改革、公安、财政、税务、市场监管等单位参加的全面推行告知承诺制工作协调机制，明确牵头单位，指导协调、督促检查工作推进情况。国务院各部门要切实做到率先推行、以上带下，加强对本系统全面推行告知承诺制工作的督促指导，及时研究解决本部门、本系统推行告知承诺制过程中遇到的问题，在本系统内适时复制推广全面推行告知承诺制的典型经验做法。同时，及时建章立制，加强制度建设。

（十二）开展培训宣传。要组织开展告知承诺制学习培训，加强业务交流。要加强对全面推行告知承诺制的宣传，通过报刊、广播、电视、互联网等渠道，全方位宣传全面推行告知承诺制的重要意义、主要做法、典型经验和实施效果等，发挥示范带动作用，合理引导社会预期，及时回应社会关切，为全面推行告知承诺制营造良好社会氛围。

（十三）加强督促检查。要把全面推行告知承诺制工作推进情况纳入法治政府建设考评指标体系和年底效能目标考核体系，列为年度法治政府建设督察内容，充分调动各方面积极性、主动性。对工作中表现突出、企业和群众评价满意度高的单位及人员，要按照国家有关规定予以表彰和奖励。建立督察情况通报制度，对工作中违纪违法的单位及人员要依纪依法问责。按照“权责一致、尽职免责、失职追责”原则，建立健全改革容错机制，属于合理容错情形的，对相关单位及人员依纪依法免除相关责任或者减轻、从轻处理。

各地区、各部门要以全面推行证明事项和涉企经营许可事项告知承诺制为重要抓手，加快推进“放管服”改革，降低制度性交易成本，减轻企业和群众负担，激发市场主体发展活力。推进改革时，方向要明确，步骤要扎实稳妥。各省、自治区、直辖市人民政府和国务院各部门要于 2020 年 12 月 31 日前制定本地区、本部门全面推行证明事项告知承诺制的实施方案，并报司法部备案。各省、自治区、直辖市人民政府和国务院有关部门要制定本地区、本部门全面推行涉企经营许可事项告知承诺制的细化方案，并按要求备案。各地区、各部门在全面推行证明事项和涉企经营许可事项告知承诺制过程中发现的问题，要及时分别报司法部、国务院审改办。司法部、国务院审改办要分别加强对全面推行证明事项和涉企经营许可事项告知承诺制的指导协调，会同有关部门进行监督检查和跟踪评估，重要情况及时报告国务院。

国务院部门规章

在线旅游经营服务管理暂行规定

（2020 年 8 月 20 日文化和旅游部令第 4 号公布　自 2020 年 10 月 1 日起施行　国司备字[2020002561]）

第一章　总　　则

第一条　为保障旅游者合法权益，规范在线旅游市场秩序，促进在线旅游行业可持续发展，依据《中华人民共和国旅游法》《中华人民共和国消费者权益保护法》《中华人民共和国网络安全法》《中华人民共和国电子商务法》《旅行社条例》等相关法律、行政法规，制定本规定。

第二条　在中华人民共和国境内提供在线旅游经营服务，适用本规定。

本规定所称在线旅游经营服务，是指通过互联网等信息网络为旅游者提供包价旅游服务或者交通、住宿、餐饮、游览、娱乐等单项旅游服务的经营活动。

第三条　本规定所称在线旅游经营者，是指从事在线旅游经营服务的自然人、法人和非法人组织，包括在线旅游平台经营者、平台内经营者以及通过自建网站、其他网络服务提供旅游服务的经营者。

本规定所称平台经营者，是指为在线旅游经营服务交易双方或者多方提供网络经营场所、交易撮合、信息发布等服务的法人或者非法人组织。

本规定所称平台内经营者，是指通过平台经营者提供旅游服务的在线旅游经营者。

第四条 在线旅游经营者提供在线旅游经营服务，应当遵守社会主义核心价值观的要求，坚守人身财产安全、信息内容安全、网络安全等底线，诚信经营、公平竞争，承担产品和服务质量责任，接受政府和社会的监督。

第五条 文化和旅游部按照职责依法负责全国在线旅游经营服务的指导、协调、监管工作。县级以上地方文化和旅游主管部门按照职责分工负责本辖区内在线旅游经营服务的监督管理工作。

第六条 各级文化和旅游主管部门应当积极协调相关部门在财政、税收、金融、保险等方面支持在线旅游行业发展，保障在线旅游经营者公平参与市场竞争，充分发挥在线旅游经营者在旅游目的地推广、旅游公共服务体系建设、旅游大数据应用、景区门票预约和流量控制等方面的积极作用，推动旅游业高质量发展。

第二章 运 营

第七条 在线旅游经营者应当依法建立旅游者安全保护制度，制定应急预案，结合有关政府部门发布的安全风险提示等信息进行风险监测和安全评估，及时排查安全隐患，做好旅游安全宣传与引导、风险提示与防范、应急救助与处置等工作。

第八条 在线旅游经营者发现法律、行政法规禁止发布或者传输的信息，应当立即停止传输该信息，采取消除等处置措施防止信息扩散，保存有关记录并向主管部门报告。

平台经营者应当对上传至平台的文字、图片、音视频等信息内容加强审核，确保平台信息内容安全。

第九条 在线旅游经营者应当按照《中华人民共和国网络安全法》等相关法律规定，贯彻网络安全等级保护制度，落实网络安全管理和技术措施，制定网络安全应急预案，并定期组织开展演练,确保在线旅游经营服务正常开展。

第十条 在线旅游经营者经营旅行社业务的,应当依法取得旅行社业务经营许可。

第十一条 平台经营者应当对平台内经营者的身份、地址、联系方式、行政许可、质量标准等级、信用等级等信息进行真实性核验、登记,建立登记档案,并定期核验更新。

平台经营者应当督促平台内经营者对其旅游辅助服务者的相关信息进行真实性核验、登记。

第十二条 在线旅游经营者应当提供真实、准确的旅游服务信息,不得进行虚假宣传;未取得质量标准、信用等级的,不得使用相关称谓和标识。平台经营者应当以显著方式区分标记自营业务和平台内经营者开展的业务。

在线旅游经营者为旅游者提供交通、住宿、游览等预订服务的,应当建立公开、透明、可查询的预订渠道,促成相关预订服务依约履行。

第十三条 在线旅游经营者应当保障旅游者的正当评价权,不得擅自屏蔽、删除旅游者对其产品和服务的评价,不得误导、引诱、替代或者强制旅游者做出评价,对旅游者做出的评价应当保存并向社会公开。在线旅游经营者删除法律、法规禁止发布或者传输的评价信息的,应当在后台记录和保存。

第十四条 在线旅游经营者应当保护旅游者个人信息等数据安全,在收集旅游者信息时事先明示收集旅游者个人信息的目的、方式和范围,并经旅游者同意。

在线旅游经营者在签订包价旅游合同或者出境旅游产品代订合同时,应当提示旅游者提供紧急联络人信息。

第十五条 在线旅游经营者不得滥用大数据分析等技术手段,基于旅游者消费记录、旅游偏好等设置不公平的交易条件,侵犯旅游者合法权益。

第十六条 在线旅游经营者为旅游者提供包价旅游服务的,

应当依法与旅游者签订合同,并在全国旅游监管服务平台填报合同有关信息。

第十七条 经营旅行社业务的在线旅游经营者应当投保旅行社责任险。

在线旅游经营者应当提示旅游者投保人身意外伤害保险。销售出境旅游产品时,应当为有购买境外旅游目的地保险需求的旅游者提供必要协助。

第十八条 在线旅游经营者应当协助文化和旅游主管部门对不合理低价游进行管理,不得为其提供交易机会。

第十九条 平台经营者应当对平台内经营者服务情况、旅游合同履行情况以及投诉处理情况等产品和服务信息、交易信息依法进行记录、保存,进行动态管理。

第二十条 社交网络平台、移动应用商店等信息网络提供者知道或者应当知道他人利用其服务从事违法违规在线旅游经营服务,或者侵害旅游者合法权益的,应当采取删除、屏蔽、断开链接等必要措施。

第二十一条 平台经营者应当在首页显著位置公示全国旅游投诉渠道。

平台内经营者与旅游者发生旅游纠纷的,平台经营者应当积极协助旅游者维护合法权益。鼓励平台经营者先行赔付。

第二十二条 平台经营者发现以下情况,应当立即采取必要的救助和处置措施,并依法及时向县级以上文化和旅游主管部门报告:

(一)提供的旅游产品或者服务存在缺陷,危及旅游者人身、财产安全的;

(二)经营服务过程中发生突发事件或者旅游安全事故的;

(三)平台内经营者未经许可经营旅行社业务的;

(四)出现法律、法规禁止交易的产品或者服务的;

(五)其他应当报告的事项。

第三章 监督检查

第二十三条 各级文化和旅游主管部门应当建立日常检查、定期检查以及与相关部门联合检查的监督管理制度,依法对在线旅游经营服务实施监督检查,查处违法违规行为。

在监督检查过程中,县级以上文化和旅游主管部门要求在线旅游经营者提供相关数据信息的,在线旅游经营者应当予以配合。县级以上文化和旅游主管部门应当采取必要措施保护数据信息的安全。

第二十四条 县级以上文化和旅游主管部门对有不诚信经营、侵害旅游者评价权、滥用技术手段设置不公平交易条件等违法违规经营行为的在线旅游经营者,可以通过约谈等行政指导方式予以提醒、警示、制止,并责令其限期整改。

第二十五条 在线旅游经营服务违法行为由实施违法行为的经营者住所地县级以上文化和旅游主管部门管辖。不能确定经营者住所地的,由经营者注册登记地或者备案地、旅游合同履行地县级以上文化和旅游主管部门管辖。

受理在线旅游经营服务相关投诉,参照前款处理。

第二十六条 县级以上文化和旅游主管部门依法建立在线旅游行业信用档案,将在线旅游经营者市场主体登记、行政许可、抽查检查、列入经营异常名录或者严重违法失信企业名单、行政处罚等信息依法列入信用记录,适时通过全国旅游监管服务平台或者本部门官方网站公示,并与相关部门建立信用档案信息共享机制,依法对严重违法失信者实施联合惩戒措施。

第二十七条 支持在线旅游经营者成立行业组织,并按照本组织章程依法制定行业经营规范和服务标准,加强行业自律,推动行业诚信建设和服务质量评价,监督、引导本行业经营者公平参与市场竞争。

第四章 法律责任

第二十八条 平台经营者知道或者应当知道平台内经营者不符合保障旅游者人身、财产安全要求或者有其他侵害旅游者合法权益行为，未及时采取必要措施的，依法与该平台内经营者承担连带责任。

平台经营者未对平台内经营者资质进行审核，或者未对旅游者尽到安全提示或保障义务，造成旅游者合法权益损害的，依法承担相应责任。

第二十九条 旅游者有下列情形之一的，依法承担相关责任：

（一）在旅游活动中从事违法违规活动的；

（二）未按要求提供与旅游活动相关的个人健康信息的；

（三）不听从在线旅游经营者的告知、警示，参加不适合自身条件的旅游活动，导致出现人身财产损害的；

（四）对国家应对重大突发事件暂时限制旅游活动的措施、安全防范和应急处置措施不予配合的。

第三十条 因不可抗力或者第三人造成旅游者损害的，在线旅游经营者应当及时进行救助。在线旅游经营者未及时进行救助造成旅游者损害的，依法承担相应责任。旅游者接受救助后，依法支付应当由个人承担的费用。

第三十一条 在线旅游经营者违反本规定第八条第一款规定，由县级以上文化和旅游主管部门依照《中华人民共和国网络安全法》第六十八条有关规定处理。

第三十二条 在线旅游经营者违反本规定第十条规定，未依法取得旅行社业务经营许可开展相关业务的，由县级以上文化和旅游主管部门依照《中华人民共和国旅游法》第九十五条的规定处理。

在线旅游经营者违反本规定第十七条第一款规定，未依法投保旅行社责任保险的，由县级以上文化和旅游主管部门依照《中华人民共和国旅游法》第九十七条有关规定处理。

第三十三条 平台经营者有下列情形之一的，由县级以上文化和旅游主管部门依照《中华人民共和国电子商务法》第八十条的规定处理：

（一）违反本规定第十一条第一款规定，不依法履行核验、登记义务的；

（二）违反本规定第二十二条规定，不依法对违法情形采取必要处置措施或者未报告的；

（三）违反本规定第十九条规定，不依法履行商品和服务信息、交易信息保存义务的。

第三十四条 在线旅游经营者违反本规定第十二条第一款有关规定，未取得质量标准、信用等级使用相关称谓和标识的，由县级以上文化和旅游主管部门责令改正，给予警告，可并处三万元以下罚款。

第三十五条 违反本规定第十六条规定，未在全国旅游监管服务平台填报包价旅游合同有关信息的，由县级以上文化和旅游主管部门责令改正，给予警告；拒不改正的，处一万元以下罚款。

第三十六条 在线旅游经营者违反本规定第十八条规定，为以不合理低价组织的旅游活动提供交易机会的，由县级以上文化和旅游主管部门责令改正，给予警告，可并处三万元以下罚款。

第三十七条 法律、行政法规对违反本规定行为另有规定的，依照其规定。县级以上地方文化和旅游主管部门在监督检查过程中发现在线旅游经营者有违反《中华人民共和国电子商务法》《中华人民共和国消费者权益保护法》《中华人民共和国网络安全法》等法律、行政法规、部门规章的行为，不属于本部门管辖的，应当及时将相关线索依法移送有关部门。

第五章　附　　则

第三十八条　本规定自2020年10月1日起施行。

公开募集证券投资基金销售机构监督管理办法

（2020年8月28日中国证券监督管理委员会令第175号公布　自2020年10月1日起施行　国司备字[2020002590]）

第一章　总　　则

第一条　为了规范公开募集证券投资基金（以下简称公募基金或基金）销售机构的销售活动，保护投资人的合法权益，促进基金市场健康发展，根据《证券投资基金法》《证券法》及其他有关法律法规，制定本办法。

第二条　本办法所称基金销售，是指为投资人开立基金交易账户，宣传推介基金，办理基金份额发售、申购、赎回及提供基金交易账户信息查询等活动。

基金销售机构是指经中国证券监督管理委员会（以下简称中国证监会）或者其派出机构注册，取得基金销售业务资格的机构。未经注册，任何单位或者个人不得从事基金销售业务。

基金服务机构从事与基金销售相关的支付、份额登记、信息技术系统等服务，适用本办法。

第三条　基金销售机构及其从业人员从事基金销售业务，基金服务机构及其从业人员从事与基金销售相关的服务业务，应当遵守法律法规、中国证监会规定以及基金合同、基金销售协议等约定，遵循自愿、公平的原则，诚实守信，谨慎勤勉，廉洁从业，恪守职业道德和行为规范，不得损害国家利益、社会公共利益和投资人的合法权益。

第四条 基金销售结算资金属于投资人，基金销售相关机构不得将基金销售结算资金归入其自有财产。禁止任何单位或者个人以任何形式挪用基金销售结算资金。基金销售相关机构破产或者清算时，基金销售结算资金不属于其破产财产或者清算财产。非因投资人本身的债务或者法律法规规定的其他情形，基金销售结算资金不得被查封、冻结、扣划或者强制执行。

第五条 中国证监会及其派出机构依据法律、行政法规和本办法的规定，对基金销售业务及相关服务业务实施监督管理。

中国证券投资基金业协会依据法律法规和自律规则，对基金销售业务及相关服务业务实施自律管理。

第二章 基金销售机构注册

第六条 商业银行、证券公司、期货公司、保险公司、保险经纪公司、保险代理公司、证券投资咨询机构、独立基金销售机构从事基金销售业务的，应当向住所地中国证监会派出机构申请注册基金销售业务资格，并申领《经营证券期货业务许可证》（以下简称业务许可证）。

第七条 申请注册基金销售业务资格，应当具备下列条件：

（一）财务状况良好，运作规范；

（二）有与基金销售业务相适应的营业场所、安全防范等设施，办理基金销售业务的信息管理平台符合中国证监会的规定；

（三）具备健全高效的业务管理和风险管理制度，反洗钱、反恐怖融资及非居民金融账户涉税信息尽职调查等制度符合法律法规要求，基金销售结算资金管理、投资者适当性管理、内部控制等制度符合中国证监会的规定；

（四）取得基金从业资格的人员不少于20人；

（五）最近3年没有受到刑事处罚或者重大行政处罚；最近1年没有因相近业务被采取重大行政监管措施；没有因重大违法违规行为处于整改期间，或者因涉嫌重大违法违规行为正在被监管机构调查；不存在已经影响或者可能影响公司正常运作的重大变更事项，或者重大诉讼、仲裁等事项；

（六）中国证监会规定的其他条件。

第八条 商业银行、证券公司、期货公司、保险公司、保险经纪公司、保险代理公司、证券投资咨询机构申请注册基金销售业务资格，应当具备下列条件：

（一）本办法第七条规定的条件；

（二）有负责基金销售业务的部门；

（三）财务风险监控等监管指标符合国家金融监督管理部门的规定；

（四）负责基金销售业务的部门取得基金从业资格的人员不低于该部门员工人数的1/2，部门负责人取得基金从业资格，并具备从事基金业务2年以上或者在金融机构5年以上的工作经历；分支机构基金销售业务负责人取得基金从业资格；

（五）中国证监会规定的其他条件。

第九条 独立基金销售机构是专业从事公募基金及私募证券投资基金销售业务的机构。独立基金销售机构不得从事其他业务，中国证监会另有规定的除外。

申请注册为独立基金销售机构的，应当具备下列条件：

（一）本办法第七条规定的条件；

（二）为依法设立的有限责任公司、股份有限公司或者采取符合中国证监会规定的其他组织形式；

（三）有符合规定的名称、组织架构和经营范围；

（四）股东以自有资金出资，不得以债务资金、委托资金等非自有资金出资，境外股东以可自由兑换货币出资；

（五）净资产不低于5000万元人民币；

（六）高级管理人员取得基金从业资格，熟悉基金销售业务，符合中国证监会规定的基金行业高级管理人员任职条件；

（七）中国证监会规定的其他条件。

第十条 持有独立基金销售机构5%以上股权的股东，应当具备下列条件：

（一）股东为法人或者非法人组织的，资产质量良好，除中国证监会另有规定外净资产不低于5000万元人民币；股权结构清晰，可逐层穿透至最终权益持有人；最近3年没有受到刑事处罚或者重大行政处罚；最近1年没有被采取重大行政监管措施；没有因重大违法违规行为处于整改期间，或者因涉嫌重大违法违规行为正在被监管机构调查；

（二）股东为自然人的，具备担任证券基金业务部门管理人员5年以上的工作经历或者担任证券基金行业高级管理人员3年以上的工作经历；从业期间没有被金融监管部门采取重大行政监管措施、没有因重大违法违规行为受到行政处罚或者刑事处罚；

（三）中国证监会规定的其他条件。

独立基金销售机构的境外股东，还应当具备下列条件：

（一）依其所在国家或者地区法律设立，合法存续的具有资产管理或者投资顾问经验的金融机构；

（二）其所在国家或者地区的证券监管机构已与中国证监会或者中国证监会认可的其他机构签订监管合作备忘录，并保持有效的监管合作关系。

第十一条 独立基金销售机构的控股股东，应当具备下列条件：

（一）股东为法人或者非法人组织的，应当核心主业突出，内部控制完善，运作规范稳定，最近3个会计年度连续盈利，净资产不低于2亿元人民币，具有良好的财务状况和资本补充能力；资产负债与杠杆水平适度，净资产不低于实收资本的50%，或有负债未达

到净资产的50%,没有数额较大的到期未清偿债务;

(二)股东为自然人的,个人金融资产不低于3000万元人民币;具备担任证券基金业务部门管理人员10年以上的工作经历或者担任证券基金行业高级管理人员5年以上的工作经历;

(三)制定合理明晰的投资独立基金销售机构的商业计划,对完善独立基金销售机构治理结构、保持独立基金销售机构经营管理的独立性、推动独立基金销售机构长期发展有切实可行的计划安排;对独立基金销售机构可能发生风险导致无法正常经营的情况,制定合理有效的风险处置预案;

(四)中国证监会规定的其他条件。

第十二条 独立基金销售机构股东以及股东的控股股东、实际控制人参股独立基金销售机构的数量不得超过2家,其中控制独立基金销售机构的数量不得超过1家。中国证监会另有规定的情形除外。

第十三条 独立基金销售机构应当保持股权结构稳定。股权相关方应当书面承诺,独立基金销售机构取得基金销售业务资格3年内不发生控股股东、实际控制关系的变更。

股东质押所持独立基金销售机构股权的,不得约定由质权人或者其他第三方行使表决权等股东权利,也不得变相转移对独立基金销售机构股权的控制。持有独立基金销售机构5%以上股权的股东,质押股权比例不得超过所持该独立基金销售机构股权比例的50%。

第十四条 基金销售机构申请注册基金销售业务资格,应当按照中国证监会的规定提交申请材料。申请材料应当真实、准确、完整,不存在虚假记载、误导性陈述或者重大遗漏。申请材料所涉事项发生重大变化的,申请人应当在5个工作日内提交更新材料。

中国证监会派出机构依照《行政许可法》规定受理基金销售业务资格注册申请,并进行审查,作出注册或者不予注册的决定。

第三章　基金销售业务规范

第十五条　基金销售机构办理基金销售业务，应当与基金管理人签订书面销售协议，明确双方权利义务。未经签订书面销售协议，基金销售机构不得办理基金的销售。

第十六条　基金销售机构开展基金宣传推介活动，应当坚持长期投资理念和客观、真实、准确的原则。

基金销售机构应当集中统一制作和使用基金宣传推介材料，并对内容的合规性进行内部审查，相关审查材料应当存档备查。基金宣传推介材料的管理规范，由中国证监会另行制定。

第十七条　基金销售机构应当按照中国证监会的规定了解投资人信息，坚持投资人利益优先和风险匹配原则，根据投资人的风险承担能力销售不同风险等级的产品，把合适的基金产品销售给合适的投资人。

基金销售机构应当加强投资者教育，引导投资人充分认识基金产品的风险收益特征。投资人购入基金前，基金销售机构应当提示投资人阅读基金合同、招募说明书、基金产品资料概要，提供有效途径供投资人查询，并以显著、清晰的方式向投资人揭示投资风险。

基金销售机构应当推动定期定额投资、养老储备投资等业务发展，促进投资人稳健投资，杜绝诱导投资人短期申赎、频繁申赎行为。

第十八条　基金销售机构应当根据反洗钱、反恐怖融资及非居民金融账户涉税信息尽职调查等法律法规要求履行相关职责，有效识别投资人身份，核对投资人的有效身份证件，登记投资人身份基本信息，确保基金账户持有人名称与有效身份证件中记载的名称一致，留存有效身份证件的复印件或者影印件，了解投资人资金来源的合法性，向基金管理人提供客户法定基本身份信息等反洗钱必要信息，并为基金管理人履行反洗钱、反恐怖融资及非居民金融账户涉税信息尽职调查等相关职责提供协助。

第十九条 基金销售机构应当按照法律法规、中国证监会的规定和基金合同、份额发售公告、招募说明书等文件的约定，办理基金份额的认购、申购和赎回，不得擅自拒绝接受投资人的申请。

投资人认购、申购基金份额，应当全额交付款项，中国证监会规定的特殊基金品种除外。

投资人在基金合同约定之外的日期和时间提出申购、赎回申请的，作为下一个交易日的交易处理，其基金份额申购、赎回价格为下次办理基金份额申购、赎回时间所在开放日的价格。

第二十条 基金销售机构、基金销售支付机构应当按照法律法规、基金合同和基金销售协议等的规定，归集、划转基金销售结算资金，确保基金销售结算资金安全、及时划付，并将赎回、分红及未成功认购、申购的款项划入投资人认购、申购时使用的结算账户。中国证监会就特殊基金品种、特殊业务类型另有规定的，从其规定。

第二十一条 基金销售机构应当按照法律法规和中国证监会规定以及基金合同、招募说明书和基金销售协议等的约定收取销售费用，并如实核算、记账；未经招募说明书载明，不得对不同投资人适用不同费率。

基金销售机构按照中国证监会的规定，为投资人提供除基金合同、招募说明书约定服务以外的增值服务的，可以向投资人收取增值服务费。

第二十二条 基金销售机构应当按照下列要求持续为投资人提供信息服务：

（一）及时告知投资人其认购、申购、赎回的基金名称以及基金份额的确认日期、确认份额和金额等信息；

（二）提供有效途径供投资人实时查询其所持基金的基本信息；

（三）定期向投资人主动提供基金保有情况信息；

（四）按照中国证监会的规定，做好有关信息传递工作，向投资人及时提供对其投资决策有重大影响的信息；

（五）中国证监会规定的其他要求。

基金销售机构应当与投资人约定提供前款规定信息的方式。

第二十三条 基金销售机构可以委托其他基金销售机构办理基金销售中后台处理等活动，具体规定由中国证监会另行制定。

第二十四条 基金销售机构及其从业人员从事基金销售业务，不得有下列情形：

（一）虚假记载、误导性陈述或者重大遗漏；

（二）违规承诺收益、本金不受损失或者限定损失金额、比例；

（三）预测基金投资业绩，或者宣传预期收益率；

（四）误导投资人购买与其风险承担能力不相匹配的基金产品；

（五）未向投资人有效揭示实际承担基金销售业务的主体、所销售的基金产品等重要信息，或者以过度包装服务平台、服务品牌等方式模糊上述重要信息；

（六）采取抽奖、回扣或者送实物、保险、基金份额等方式销售基金；

（七）在基金募集申请完成注册前，办理基金销售业务，向公众分发、公布基金宣传推介材料或者发售基金份额；

（八）未按照法律法规、中国证监会规定、招募说明书和基金份额发售公告规定的时间销售基金，或者未按照规定公告即擅自变更基金份额的发售日期；

（九）挪用基金销售结算资金或者基金份额；违规利用基金份额转让等形式规避基金销售结算资金闭环运作要求、损害投资人资金安全；

（十）利用或者承诺利用基金资产和基金销售业务进行利益输送或者利益交换；

（十一）违规泄露投资人相关信息或者基金投资运作相关非公开信息；

（十二）以低于成本的费用销售基金；

（十三）实施歧视性、排他性、绑定性销售安排；

（十四）中国证监会规定禁止的其他情形。

第四章　内部控制与风险管理

第一节　一般规定

第二十五条　基金销售机构应当按照审慎经营的原则，建立健全并有效执行基金销售业务的内部控制与风险管理制度，完善内部责任追究机制，确保基金销售业务符合法律法规和中国证监会的规定。

第二十六条　基金销售机构应当指定专门合规风控人员对基金销售业务的经营运作情况进行审查、监督和检查，并保障合规风控人员履职的独立性和有效性。合规风控人员应当具备与履职相适应的专业知识和技能，不得兼任与合规风控职责相冲突的职务。

合规风控人员应当对基金销售业务内部制度、基金宣传推介材料和新销售产品、新业务方案等进行合规审查，出具合规审查意见，并存档备查。

基金销售机构应当于每一年度结束之日起3个月内完成年度监察稽核报告，并存档备查。

第二十七条　基金销售机构应当对基金管理人、基金产品进行审慎调查和风险评估，充分了解产品的投资范围、投资策略、风险收益特征等，并设立产品准入委员会或者专门小组，对销售产品准入实行集中统一管理。

基金管理人应当制定基金销售机构准入的标准和程序，审慎选择基金销售机构，并定期开展再评估。

第二十八条 基金销售机构应当建立健全投资人基金交易账户和资金账户管理制度，保障投资人信息安全和资金安全。

第二十九条 基金销售机构应当确保基金销售信息管理平台安全、高效运行，建立符合规定的灾难备份系统和应急预案。

第三十条 基金销售机构应当建立健全基金销售业务内部考核机制，坚持以投资人利益为核心和长期投资的理念，将基金销售保有规模、投资人长期投资收益等纳入分支机构和基金销售人员考核评价指标体系，并加大对存量基金产品持续销售、定期定额投资等业务的激励安排，不得将基金销售收入作为主要考核指标，不得实施短期激励，不得针对认购期基金实施特别的考核激励。

基金销售机构应当强化人员资质管理，确保基金销售人员具有基金从业资格。未经基金销售机构聘任，任何人员不得从事基金销售活动，中国证监会另有规定的除外。

基金销售机构应当建立健全基金销售人员持续培训机制，加强对基金销售人员行为的监督和检查，并建立相关人员的离任审计或者离任审查制度。基金销售人员不得从事与基金销售业务有利益冲突的业务活动。

第三十一条 基金销售机构应当建立健全业务范围管控制度，审慎评估基金销售业务与其依法开展或者拟开展的其他业务之间可能存在的利益冲突，完善利益冲突防范机制。

基金销售机构应当采取有效隔离措施，避免因其他业务风险影响基金销售业务稳健运行。

基金销售机构应当保持对基金销售业务的持续投入，确保实质展业及业务连续性。

第三十二条 基金销售机构应当对分支机构基金销售活动、基金销售信息技术系统实行集中统一管理，不得与他人合资、合作经营管理分支机构，不得将分支机构承包或者委托给他人经营管理。

第三十三条 基金销售机构应当建立健全档案管理制度，妥善保管投资人的开户资料和与基金销售业务有关的其他资料。投资人身份资料自业务关系结束当年计起至少保存20年,与基金销售业务有关的其他资料自业务发生当年计起至少保存20年。

第二节　独立基金销售机构特别规定

第三十四条　独立基金销售机构应当建立健全合规风控管理组织架构,在章程中明确合规风控负责人为高级管理人员,并对其职责、任免条件和程序作出规定。

合规风控负责人应当具有胜任合规风控管理工作需要的专业知识和技能,并具备以下工作经历:从事证券基金工作 5 年以上,或者从事证券基金工作 3 年以上并且通过国家法律职业资格考试,或者从事证券基金监管相关工作 3 年以上。

独立基金销售机构解聘合规风控负责人,应当具有正当理由,并自解聘之日起3 个工作日内将解聘事实和理由书面报告住所地中国证监会派出机构。

第三十五条　独立基金销售机构应当设立专门的合规风控管理部门。合规风控管理部门对合规风控负责人负责,按照公司规定和合规风控负责人的安排履行合规风控管理职责。合规风控管理部门不得承担与合规风控管理相冲突的其他职责。

独立基金销售机构应当为合规风控管理部门配备足够的、具备与履行合规风控管理职责相适应的专业知识和技能的合规风控人员。

第三十六条　独立基金销售机构应当确保业务、从业人员、经营场所的独立性,不得与股东、实际控制人、关联方混同,不得允许其他任何机构以其名义对外开展业务。独立基金销售机构从业人员不得在其他机构担任经营性职务,法律法规和中国证监会另有规定的除外。

第三十七条　独立基金销售机构设立分支机构,应当具备下列条件:

（一）连续开展基金销售业务3个完整会计年度以上，最近一个会计年度基金销售日均保有量不低于100亿元；

（二）具有较强的持续经营能力，内部控制完善，能够有效控制分支机构风险；

（三）制定合理明晰的分支机构设立规划；

（四）最近3年没有受到刑事处罚或者重大行政处罚；最近1年没有被采取重大行政监管措施；没有因重大违法违规行为处于整改期间，或者因涉嫌重大违法违规行为正在被监管机构调查；

（五）拟设立的分支机构具备完善的管理制度，有符合规定的办公场所、安全防范等设施，取得基金从业资格的人员不少于5人；

（六）中国证监会规定的其他条件。

独立基金销售机构设立的分支机构，限于住所地所在省、自治区、直辖市范围，中国证监会另有规定的除外。

独立基金销售机构应当完善分支机构管控机制，确保分支机构实质展业及业务连续性。

第三十八条 独立基金销售机构应当制定自有资金运用制度，保持良好的财务状况，满足日常运营和风险防范的需要。

独立基金销售机构可以运用自有资金进行金融资产投资，其中投资于现金、银行存款、国债、基金等高流动性资产的净值不得低于2000万元。独立基金销售机构不得向关联方提供借款、资金垫付或者担保等；不得进行股权投资，法律法规、中国证监会另有规定的除外。

第五章 相关基金服务机构

第三十九条 基金销售支付机构受基金销售机构委托，为基金销售机构提供基金销售结算资金划转服务。

基金销售机构应当选择具备下列条件的商业银行或者支付机

构办理基金销售支付业务：

（一）制定了有效的风险控制制度，有安全、高效的办理支付业务的信息系统；

（二）商业银行取得基金销售业务资格，支付机构取得《支付业务许可证》；

（三）最近3年没有受到刑事处罚或者重大行政处罚；最近1年没有被采取重大行政监管措施；没有因重大违法违规行为处于整改期间，或者因涉嫌重大违法违规行为正在被监管机构调查；

（四）中国证监会规定的其他条件。

支付机构从事基金销售支付业务，应当向中国证监会备案。

第四十条 基金销售结算资金监督机构受基金销售机构、基金销售支付机构等委托，对其开立、使用基金销售结算专用账户的行为和基金销售结算资金划转流程进行监督。

中国证券登记结算有限责任公司（以下简称中国结算）或者取得基金销售业务资格的商业银行可以担任基金销售结算资金监督机构。基金销售机构、基金销售支付机构等应当在基金销售结算资金监督机构开立基金销售结算专用账户，并与基金销售结算资金监督机构签订监督协议，对账户性质、账户功能、资金划转流程、监督方式、账户异常处理等事项做出约定。中国证监会另有规定的，从其规定。

第四十一条 基金管理人可以依照中国证监会的规定委托基金份额登记机构办理基金份额登记业务。基金份额登记机构应当确保基金份额的登记、存管和结算业务处理安全、准确、及时、高效，其主要职责包括：

（一）建立并管理投资人基金份额账户；

（二）负责基金份额的登记；

（三）基金交易确认；

（四）代理发放红利；

（五）建立并保管基金份额持有人名册；

（六）服务协议约定的其他职责；

（七）中国证监会规定的其他职责。

基金管理人变更基金份额登记机构的，应当在变更完成10个工作日内向中国证监会报告。

第四十二条 基金销售机构、基金份额登记机构应当通过中国结算建设和运营的基金行业注册登记数据中央交换平台（以下简称中央数据交换平台）对基金的账户和交易信息进行数据交换，数据交换应当符合中央数据交换平台相关规范要求。参与数据交换的相关机构应当按照规定保障信息传输和存储的完整性、准确性、及时性、安全性。

基金份额登记机构应当按照中央数据交换平台相关规范要求报送基金份额登记数据，配合完成基金份额登记数据的集中备份。

中国结算依据中国证监会授权，对相关数据交换及报送实施自律管理。中国结算应当妥善保存相关数据，不得篡改、毁损或者泄露；确有必要向第三方提供的，应当遵守法律法规和中国证监会的规定。中国结算还应当建立健全相关信息统计分析制度，定期向中国证监会报告，并按照中国证监会的要求向投资人提供统一查询等服务。

第四十三条 信息技术系统服务机构受基金销售机构委托，为基金销售机构提供网络空间经营场所租用或者信息技术系统开发等服务。信息技术系统服务机构不得实质介入基金销售业务环节，不得收集、传输、留存投资人基金交易信息。

第六章 销售私募基金的特别规定

第四十四条 基金销售机构除开展公募基金销售业务外，依法从事私募基金销售业务的，参照适用本办法第三章、第四章的规定，法律法规及中国证监会另有规定的除外。

第四十五条 基金销售机构应当以非公开方式向合格投资者

销售私募基金，不得通过公众传播媒体、互联网、公开营业场所等平台或者手机短信、微信等渠道公开或者变相公开宣传推介私募基金。

第四十六条 基金销售机构销售私募基金，应当充分了解投资人信息，收集、核验投资人资产证明、收入证明或者纳税凭证等材料，对投资人风险识别能力和风险承担能力进行评估，并要求投资人承诺投资资金为自有资金，不存在非法汇集他人资金等情况。

基金销售机构应当就合格投资者确认、投资者适当性匹配、风险揭示、自有资金投资等事项履行投资人签字确认等程序。

第四十七条 基金销售机构应当销售符合法律法规和中国证监会规定的私募基金，对拟销售私募基金进行审慎调查和风险评估，充分了解产品的投资范围、投资策略、投资集中度、杠杆水平、风险收益特征等。销售文件应当按照规定全面说明产品特征并充分揭示风险。基金销售机构不得销售未在产品合同等法律文件中明确限定投资范围、投资集中度、杠杆水平的私募基金。

基金销售机构合规风控人员应当对私募基金销售准入出具专项合规和风险评估报告，签字确认并存档备查。

第四十八条 基金销售机构应当针对私募基金销售业务建立专门的利益冲突识别、评估和防范机制。

基金销售机构应当对存在关联关系的私募基金管理人及私募基金履行严格的利益冲突评估机制，经评估无法有效防范利益冲突的，不得销售相关产品；经评估确定可以销售的，应当以书面形式向投资人充分披露，并在销售行为发生时由投资人签字确认。

第四十九条 基金销售机构应当参照本办法第四十条的规定开立私募基金销售结算专用账户，并参照中国证监会规定的基金销售结算资金划转流程进行资金交收。

第七章 监督管理与法律责任

第五十条 中国证监会及其派出机构按照审慎监管原则，可以要求基金销售相关机构及其股东、实际控制人报送相关信息、材料，定期或者不定期对基金销售相关机构从事基金销售业务及相关服务业务的情况进行非现场或者现场检查。

基金销售相关机构及其股东、实际控制人、从业人员等应当配合检查、调查，提供的信息、资料应当及时、真实、准确、完整。

第五十一条　独立基金销售机构发生下列事项的，应当在5个工作日内向住所地中国证监会派出机构备案：

（一）变更公司章程、名称、住所、组织形式、经营范围、注册资本、高级管理人员；

（二）新增持有5%以上股权的股东，变更控股股东、实际控制人；

（三）持有5%以上股权的股东变更姓名、名称，或者质押所持独立基金销售机构的股权；

（四）设立、撤销分支机构，变更分支机构名称、营业场所；

（五）对外进行股权投资或者提供担保；

（六）中国证监会规定的其他事项。

住所地中国证监会派出机构收到备案材料后应当进行核查，发现备案事项不符合法律、行政法规及中国证监会规定的，应当责令整改。

第五十二条　基金销售机构的业务许可证自颁发之日起，有效期3年。基金销售机构不存在下列情形的，其业务许可证有效期予以延续，每次延续的有效期为3年：

（一）无法持续符合本办法第七条第（一）项至第（四）项规定的基础性展业条件，且未得到有效整改；

（二）合规内控严重缺失，被中国证监会或者其派出机构采取责令暂停办理相关业务的行政监管措施，且未在要求期限内有效整改；

（三）未实质开展公募基金销售业务，最近一个会计年度基金（货币市场基金除外）销售日均保有量低于5亿元；

（四）中国证监会规定的其他情形。

基金销售机构存在本条第一款所列情形的，中国证监会派出机构可作出不予延续其业务许可证有效期的决定。业务许可证有效期届满的基金销售机构，不得继续从事基金销售业务。

第五十三条 基金销售相关机构违反法律、行政法规、本办法及中国证监会其他规定，法律法规有规定的，依照其规定处理；法律法规没有规定的，中国证监会及其派出机构可以采取监管谈话、出具警示函、责令改正、责令处分有关人员、责令暂停办理相关业务等行政监管措施，对相关主管人员、直接责任人员，可以采取监管谈话、出具警示函、公开谴责、认定为不适当人选等行政监管措施，发现违法行为涉嫌犯罪的，移送司法机关处理。

第五十四条 中国证监会及其派出机构依法责令基金销售机构暂停办理相关业务的，可以责令其暂停下列一项或者多项业务：

（一）接受新投资人开立交易账户申请；

（二）签订新的销售协议，增加销售新产品；

（三）办理公募基金份额认购、申购或者私募基金份额参与。

基金销售机构被责令暂停办理相关业务的，可以办理销户、赎回、转托管转出等业务。

第五十五条 基金销售机构申请注册基金销售业务资格，隐瞒有关情况或者提供虚假材料的，中国证监会派出机构不予注册，并给予警告；已经注册的，撤销注册，对相关主管人员和其他直接责任人员给予警告，并处 3 万元以下罚款。国家金融监督管理部门监管的机构存在上述情况的，移交相关金融监督管理部门处理。

第五十六条 基金销售机构有下列情形的，依照《证券投资基金法》第一百三十七条、第一百三十九条、第一百四十四条规定处理：

（一）未向投资人充分揭示投资风险并误导其购买与其风险承担能力不相当的公募基金、私募证券投资基金等产品的；

（二）挪用公募基金、私募证券投资基金等产品销售结算资金或者份额的；

（三）未按照本办法第四章要求建立风险管理制度和灾难备份系统，存在重大风险隐患、引发重大风险事件或者丧失经营能力的；

（四）泄露与公募基金、私募证券投资基金等产品份额持有人、投资运作相关的非公开信息的。

第五十七条 基金销售机构有下列情形之一，且情节严重的，除法律法规另有规定外，给予警告，并处3万元以下罚款；对相关主管人员和其他直接责任人员，给予警告，并处3万元以下罚款：

（一）违反本办法第十五条至第二十二条、第二十四条规定从事基金销售业务的；

（二）未按照本办法第四章规定建立健全并有效执行基金销售业务内部控制及风险管理制度的；

（三）未按照本办法第四十条规定与基金销售结算资金监督机构签订监督协议、开立基金销售结算专用账户的；

（四）未按照本办法第四十二条规定进行数据交换和报送的；

（五）违反本办法第六章规定销售私募基金的；

（六）未按照本办法第五十条、五十一条规定，配合监督检查、履行备案报告义务的。

第五十八条 基金销售机构有下列情形之一的，中国证监会依法注销其业务许可证，并予以公告：

（一）业务许可证有效期不予延续且有效期届满的；

（二）基金销售业务资格被依法撤销或者终止的；

（三）基金销售机构依法终止的；

（四）法律法规规定的其他情形。

第五十九条 基金销售机构有下列情形之一的，基金管理人等应当妥善办理有关投资人的赎回、转托管转出等业务，基金销售相关机构应当配合：

（一）业务许可证被注销的；

（二）丧失经营能力，无法为投资人办理基金销售业务的；

（三）中国证监会规定的其他情形。

第六十条 基金销售支付机构从事公募基金、私募证券投资基金销售支付业务有下列情形的，依照《证券投资基金法》第一百三十八条、第一百三十九条、第一百四十四条规定处理：

（一）未按照规定划付公募基金、私募证券投资基金等产品销售结算资金的；

（二）挪用公募基金、私募证券投资基金等产品销售结算资金或者份额的；

（三）未建立风险管理制度和灾难备份系统的；

（四）泄露与公募基金、私募证券投资基金等产品份额持有人、投资运作相关的非公开信息的。

基金销售支付机构被停止基金销售支付业务的，基金销售机构和基金销售结算资金监督机构应当妥善处理有关投资人基金份额的赎回、转托管转出等业务。

第八章 附 则

第六十一条 本办法相关用语的含义如下：

（一）基金销售相关机构，包括基金销售机构，以及从事与基金销售相关的支付、份额登记、信息技术系统等服务业务的基金服务机构。

（二）基金销售结算资金，是指由基金销售机构、基金销售支付机构、基金份额登记机构等基金销售相关机构归集的，在投资人结算账户与基金财产托管账户之间划转的基金认购、申购、赎回、分红等资金。

（三）独立基金销售机构高级管理人员，是指总经理、副总经理或者实际履行上述职务的其他人员，以及章程规定的其他人员。

（四）关联方及控制关系，依照《企业会计准则》确定。

（五）基金宣传推介材料，是指为推介基金向公众分发或者公布，使公众可以普遍获得的纸质、电子或者其他介质的信息。

（六）基金销售结算专用账户，是指基金销售机构、基金销售支付机构或者基金份额登记机构用于归集、暂存、划转基金销售结算资金的专用账户。

（七）支付机构，是指依据中国人民银行《非金融机构支付服务管理办法》取得《支付业务许可证》的非金融机构。

（八）私募基金，包括证券期货经营机构非公开募集资金或者接受财产委托设立的私募资产管理计划，以及经基金业协会登记的私募基金管理人设立的非公开募集基金。私募证券投资基金，是指依据《证券投资基金法》设立的、仅投资于标准化证券资产的私募基金。除明确表述为“私募基金”“私募证券投资基金”外，本办法中的基金均为公开募集证券投资基金的简称。

第六十二条　基金管理人、证券期货经营机构销售其管理的基金、私募资产管理计划的业务规范、内部控制和风险管理，适用本办法和中国证监会其他相关规定。

第六十三条　本办法自2020年10月1日起施行。《证券投资基金销售管理办法》（证监会令第91号）同时废止。

银行保险机构应对突发事件金融服务管理办法

（2020年9月9日中国银行保险监督管理委员会令2020年第10号公布　自公布之日起施行　国司备字［2020002557］）

第一章　总　　则

第一条　为规范银行保险机构应对突发事件的经营活动和金

融服务,保护客户的合法权利,增强监管工作的针对性,维护银行业保险业安全稳健运行,根据《中华人民共和国银行业监督管理法》《中华人民共和国商业银行法》《中华人民共和国保险法》《中华人民共和国突发事件应对法》等相关法律法规,制定本办法。

第二条 本办法所称突发事件,是指符合《中华人民共和国突发事件应对法》规定的,突然发生,造成或者可能造成严重社会危害,需要采取应急处置措施予以应对的自然灾害、事故灾难、公共卫生事件和社会安全事件。

本办法所称重大突发事件,是指《中华人民共和国突发事件应对法》规定的特别重大或重大等级的突发事件。

第三条 银行保险监督管理机构应当切实履行应对突发事件的职责,加强与县级以上人民政府及其部门的沟通、联系、协调、配合,做好对银行保险机构的指导和监管,促进银行保险机构完善突发事件金融服务。

第四条 银行保险机构应当做好应对突发事件的组织管理、制度和预案体系建设工作,及时启动应对预案,健全风险管理,确保基本金融服务功能的安全性和连续性,加强对重点领域、关键环节和特殊人群的金融服务。

第五条 应对突发事件金融服务应当坚持以下原则:

(一)常态管理原则。银行保险机构应当建立突发事件应对工作机制,并将突发事件应对管理纳入全面风险管理体系。

(二)及时处置原则。银行保险机构应当及时启动本单位应对预案,制定科学的应急措施、调度所需资源,及时果断调整金融服务措施。

(三)最小影响原则。银行保险机构应当采取必要措施将突发事件对业务连续运行、金融服务功能的影响控制在最小程度,确保持续提供基本金融服务。

(四)社会责任原则。银行保险机构应当充分评估突发事件对客户、员工和经济社会发展的影响,在风险可控的前提下提供便民金融服务，妥善保障员工合法权益，积极支持受突发事件重大影响的企业、行业保持正常生产经营。

第六条 国务院银行保险监督管理机构应当积极利用双边、多边监管合作机制和渠道，与境外监管机构加强信息共享，协调监管行动，提高应对工作的有效性。

第二章 组织管理

第七条 银行保险机构应当建立突发事件应对管理体系。董（理）事会是银行保险机构突发事件应对管理的决策机构，对突发事件的应对管理承担最终责任。高级管理层负责执行经董（理）事会批准的突发事件应对管理政策。

第八条 银行保险机构应当成立由高级管理层和突发事件应对管理相关部门负责人组成的突发事件应对管理委员会及相应指挥机构，负责突发事件应对工作的管理、指挥和协调，并明确成员部门相应的职责分工。

银行保险机构可以指定业务连续性管理委员会等专门委员会负责突发事件应对管理工作。

第九条 银行保险机构应当制定应对突发事件的管理制度，与业务连续性管理、信息科技风险管理、声誉风险管理、资产安全管理等制度有效衔接。银行保险机构在制定恢复处置计划时，应当充分考虑应对突发事件的因素。

第十条 银行保险机构应当根据本机构的具体情况细化突发事件的类型并制定、更新应对预案。银行保险机构应当充分评估营业场所、员工、基础设施、信息数据等要素，制定具体的突发事件应对措施以及恢复方案。

银行保险机构至少每三年开展一次突发事件应对预案的演练，检验应对预案的完整性、可操作性和有效性，验证应对预案中有关资源的可用性，提高突发事件的综合处置能力。银行保险机构对灾难备份等关键资源或重要业务功能至少每年开展一次突发事件应对预案的演练。

第十一条 银行保险机构应当依法配合县级以上人民政府及法定授权部门的指挥，有序开展突发事件应对工作。

银行保险机构应当在应对突发事件过程中提供必要的相互协助。

第十二条 银行保险机构应当按照关于银行业保险业突发事件信息报告的监管要求，向银行保险监督管理机构报告突发事件信息、采取的应对措施、存在的问题以及所需的支持。

第十三条 行业自律组织应当为银行保险机构应对突发事件、实施同业协助提供必要的协调和支持。

第三章 业务和风险管理

第十四条 银行保险机构应当加强突发事件预警，按照县级以上人民政府及法定授权部门发布的应对突发事件的决定、命令以及银行保险监督管理机构的监管规则，加强对各类风险的识别、计量、监测和控制，及时启动相关应对预案，采取必要措施保障人员和财产安全，保障基本金融服务功能的正常运转。

第十五条 银行保险机构应当按照银行保险监督管理机构的要求，根据县级以上人民政府及法定授权部门响应突发事件的具体措施，及时向处置突发事件的有关单位和个人提供急需的金融服务。

第十六条 受突发事件重大影响的银行保险机构需要暂时变更营业时间、营业地点、营业方式和营业范围等的，应当在作出决定当日报告属地银行保险监督管理机构和所在地人民政府后向社会公众公告。

银行保险监督管理机构可以根据突发事件的等级和影响范围，决定暂时变更受影响的银行保险机构的营业时间、营业地点、营业方式和营业范围等。

第十七条 在金融服务受到重大突发事件影响的区域，银行保险机构应当在保证员工人身和财产安全的前提下，经向银行保险监督管理机构报告后，采用设立流动网点、临时服务点等方式提供现场服务，合理布放自动柜员机（ATM）、销售终端（POS）、智能柜员机（含便携式、远程协同式）等机具，满足客户金融服务需求。

银行保险机构因重大突发事件无法提供柜面、现场或机具服务的，应当利用互联网、移动终端、固定电话等信息技术方式为客户提供服务。

第十八条 银行保险机构应当为受重大突发事件影响的客户办理账户查询、挂失、补办、转账、提款、继承、理赔、保全等业务提供便利。对身份证明或业务凭证丢失的客户，银行保险机构通过其他方式可以识别客户身份或进行业务验证的，应当满足其一定数额或基本的业务需求，不得以客户无身份证明或业务凭证为由拒绝办理业务。

第十九条 银行业金融机构对重大突发事件发生前已经发放、受突发事件影响、非因借款人自身原因不能按时偿还的各类贷款，应当考虑受影响借款人的实际情况调整贷款回收方式，可不收取延期还款的相关罚息及费用。银行业金融机构不得仅以贷款未及时偿还为理由，阻碍受影响借款人继续获得其他针对突发事件的信贷支持。

第二十条 保险公司应当根据突发事件形成的社会风险保障需求，及时开发保险产品，增加巨灾保险、企业财产保险、安全生产责任保险、出口信用保险、农业保险等业务供给，积极发挥保险的风险防范作用。

第二十一条 为切实服务受重大突发事件影响的客户，支持受影响的个人、机构和行业，银行业金融机构可以采取以下措施：

（一）减免受影响客户账户查询、挂失和补办、转账、继承等业务的相关收费；

（二）与受重大影响的客户协商调整债务期限、利率和偿还方式等；

（三）为受重大影响的客户提供续贷服务；

（四）在风险可控的前提下，加快信贷等业务审批流程；

（五）其他符合银行保险监督管理机构要求的措施。

第二十二条 为切实服务受重大突发事件影响的客户，支持受影响的个人、机构和行业，保险公司可以采取以下措施：

（一）适当延长受重大影响客户的报案时限，减免保单补发等相关费用；

（二）适当延长受重大影响客户的保险期限，对保费缴纳给予一定优惠或宽限期；

（三）对因突发事件导致单证损毁遗失的保险客户，简化其理赔申请资料；

（四）对受重大影响的农户和农业生产经营组织，在确保投保意愿真实的前提下，可暂缓其提交承保农业保险所需的相关资料，确定发生农业保险损失的，可采取预付部分赔款等方式提供理赔服务；

（五）针对突发事件造成的影响，在风险承受范围内适当扩展保险责任范围；

（六）其他符合银行保险监督管理机构要求的措施。

第二十三条 银行保险机构应当及时预估受突发事件重大影响的企业恢复生产经营的资金需求情况，加强对受突发事件影响的重点地区、行业客户群体的金融服务，发挥在基础设施、农业、特色优势产业、小微企业等方面的金融支持作用。

第二十四条 银行业金融机构应当加强贷前审查和贷后管理，通过行业自律和联合授信等机制，防范客户不正当获取、使用与应对突发事件有关的融资便利或优惠措施，有效防范多头授信和过度授信，防止客户挪用获得的相关融资。

银行业金融机构对符合贷款减免和核销规定的贷款，应当严格按照程序和条件进行贷款减免和核销,做好贷款清收管理和资产保全工作,切实维护合法金融债权。

第二十五条 银行保险机构应当及时保存与应对突发事件有关的交易或业务记录,及时进行交易或业务记录回溯,重点对金额较大、交易笔数频繁、非工作时间交易等情况进行核查和分析。

银行保险机构应当及时对应对突发事件金融服务措施的实际效果和风险状况进行后评估。

第二十六条 银行保险机构应当加强突发事件期间对消费者权益的保护,确保投诉渠道畅通,及时处理相关咨询和投诉事项。银行保险机构不得利用突发事件进行诱导销售、虚假宣传等营销行为,或侵害客户的知情权、公平交易权、自主选择权、隐私权等合法权利。

银行保险机构应当加强声誉风险管理,做好舆情监测、管理和应对,及时、规范开展信息发布、解释和澄清等工作,防范负面舆情引发声誉风险、流动性风险等次生风险,保障正常经营秩序。

第四章 监督管理

第二十七条 银行保险监督管理机构应当保持监管工作的连续性、有效性、灵活性,并根据突发事件的等级、银行保险机构受影响情况,适当调整监管工作的具体方式。

银行保险监督管理机构应当依法对银行保险机构突发事件应对机制、活动和效果进行指导和监督检查,妥善回应社会关注和敏感问题,及时发布支持政策和措施,加强与同级人民银行及相关政府部门的信息共享和沟通,协调解决应对突发事件过程中的问题。

第二十八条 银行保险监督管理机构应当按照县级以上人民政府及法定授权部门对突发事件的应对要求,审慎评估突发事件对银行保险机构造成的影响,依法履行以下职责:

(一)加强对突发事件引发的区域性、系统性风险的监测、分析和预警；

（二）督促银行保险机构按照突发事件应对预案，保障基本金融服务功能持续安全运转；

（三）指导银行保险机构提供突发事件应急处置金融服务；

（四）引导银行保险机构积极承担社会责任；

（五）协调有关政府部门，协助保障银行保险机构正常经营。

第二十九条 受突发事件重大影响的银行保险机构等申请人在行政许可流程中无法在规定期限内完成办理事项的，可以向银行保险监督管理机构申请延长办理期限。银行保险监督管理机构经评估，可以根据具体情况决定延长有关办理期限。

银行保险监督管理机构可以根据突发事件的等级及影响情况，依法调整行政许可的程序、条件或材料等相关规则，以便利银行保险机构为应对突发事件提供金融服务。

第三十条 受突发事件重大影响的银行保险机构可以根据实际情况向银行保险监督管理机构申请变更报送监管信息、统计数据的时间和报送方式。银行保险监督管理机构经评估同意变更的，应当持续通过其他方式开展非现场监管。

银行保险监督管理机构可以根据突发事件的等级及影响情况，依法决定实施非现场监管的具体方式、时限要求及频率。

第三十一条 受突发事件重大影响的银行保险机构可以根据实际情况向银行保险监督管理机构申请暂时中止现场检查、现场调查及其他重大监管行动或者变更其时间。

银行保险监督管理机构可以按照突发事件的等级及影响情况，根据申请或主动决定暂时中止对银行保险机构进行现场检查、现场调查及采取其他重大监管行动或变更其时间。银行保险监督管理机构应当在突发事件影响消除后重新安排现场检查、现场调查等监管工作。

第三十二条 根据应对重大突发事件和落实国家金融支持政策的需要，国务院银行保险监督管理机构可以依据法律、行政法规的授权或经国务院批准,决定临时性调整审慎监管指标和监管要求。

国务院银行保险监督管理机构可以根据银行保险机构受重大突发事件的影响情况,依法对临时性突破审慎监管指标的银行保险机构豁免采取监管措施或实施行政处罚,但应要求银行保险机构制定合理的整改计划。

银行保险机构不得利用上述情形扩大股东分红或其他利润分配,不得提高董事、监事及高级管理人员的薪酬待遇。

第三十三条 银行保险监督管理机构应当评估银行保险机构因突发事件产生的风险因素,并在市场准入、监管评级等工作中予以适当考虑。

第三十四条 对于银行保险机构因突发事件导致的重大风险,银行保险监督管理机构应当及时采取风险处置措施,维护金融稳定。

根据处置应对重大金融风险、维护金融稳定的需要,国务院银行保险监督管理机构可以依法豁免对银行保险机构适用部分监管规定。

第三十五条 银行保险机构存在以下情形的,银行保险监督管理机构可以依据《中华人民共和国银行业监督管理法》《中华人民共和国保险法》等法律法规采取监管措施或实施行政处罚;法律、行政法规没有规定的,由银行保险监督管理机构责令改正,给予警告,对有违法所得的处以违法所得 1 倍以上 3 倍以下罚款,最高不超过 3 万元,对没有违法所得的处以 1 万元以下罚款:

(一)未按照本办法要求建立突发事件应对管理体系、组织架构、制度或预案;

(二)未按照要求定期开展突发事件应对预案的演练;

(三)未采取有效应对措施,导致基本金融服务长时间中断;

(四)突发事件影响消除后,未及时恢复金融服务;

(五)利用突发事件实施诱导销售、虚假宣传等行为,侵害客户合法权利；

（六）利用监管支持政策违规套利；

（七）其他违反本办法规定的情形。

第五章　附　　则

第三十六条　本办法所称银行保险机构，是指银行业金融机构和保险公司。

本办法所称银行业金融机构，是指在中华人民共和国境内设立的商业银行、农村信用合作社等吸收公众存款的金融机构以及开发性金融机构、政策性银行。

第三十七条　在中华人民共和国境内设立的金融资产管理公司、信托公司、财务公司、金融租赁公司、汽车金融公司、消费金融公司、货币经纪公司、金融资产投资公司、银行理财子公司、保险集团（控股）公司、保险资产管理公司以及保险中介机构等银行保险监督管理机构监管的其他机构，参照执行本办法的规定。

第三十八条　本办法自公布之日起施行。

银行保险机构应当自本办法施行之日起 6 个月内，建立和完善突发事件应对管理体系和管理制度，并向银行保险监督管理机构报告。

审计署关于废止部分规章的决定

（2020 年 9 月 21 日审计署令第 12 号公布　自公布之日起施行　国司备字［2020002597］）

根据《规章制定程序条例》，审计署对部门规章进行了清理，现决定：

一、废止《审计署关于审计机关办理交办事项的暂行规定》（审法发〔1996〕217 号）。

二、废止《审计机关审计统计工作的规定》（审综发〔1996〕369 号）。

三、废止《审计机关审计行政应诉管理的规定》（审法发〔1996〕357 号）。

四、废止《审计机关审计管辖范围划分的暂行规定》（审综发〔1996〕370 号）。

五、废止《审计机关监督社会审计组织审计业务质量的暂行规定》（审计署 1999 年第 1 号令）。

六、废止《审计机关审计复议的规定》（审计署 2000 年第 1 号令）。

七、废止《审计机关审计项目质量检查暂行规定》（审计署 2000 年第 1 号令）。

国际航空运输价格管理规定

（2020 年 10 月 9 日交通运输部令 2020 年第 19 号公布
自 2021 年 1 月 1 日起施行　国司备字［2020002720］）

第一章　总　则

第一条　为了规范国际航空运输价格管理，促进航空运输市场健康发展，根据《中华人民共和国民用航空法》和有关法律、行政法规，制定本规定。

第二条　本规定所称国际航空运输价格（以下简称国际航空运价），是指公共航空运输企业经营中华人民共和国境内地点与境外地点间的定期航空运输业务时，运送旅客、货物的价格及其适用条件。

国际航空运价包括国际航空旅客运价和国际航空货物运价。

国际航空旅客运价包括旅客公布运价和旅客非公布运价，国际航空货物运价包括货物公布运价和货物非公布运价。

第三条 中国民用航空局(以下简称民航局)依职责统一负责国际航空运价监督管理工作。中国民用航空地区管理局(以下简称民航地区管理局)依职责负责对本辖区范围内的国际航空运价实施监督管理。

民航局和民航地区管理局统称为民航行政机关。

第四条 国际航空运价管理遵循规范、效能、对等的原则。

第二章 国际航空运价核准与备案

第五条 中华人民共和国政府与外国政府签订的航空运输协定或者协议中规定国际航空运价需要民航局核准的，公共航空运输企业应当将旅客公布运价中的旅客普通运价和货物公布运价中的普通货物运价向民航局提出核准申请，经核准同意后方可生效使用。

公共航空运输企业申请核准国际航空运价应当取得航线经营许可。

第六条 公共航空运输企业可以通过信函、传真、电子邮件等方式，向民航局提交国际航空运价核准申请材料。申请材料应当包括拟实施的国际航空运价种类、运价水平、适用条件及其他有关材料。

第七条 民航局根据下列情况决定是否受理公共航空运输企业的核准申请：

(一)所申请的国际航空运价不属于核准范围的，应当即时告知公共航空运输企业；

(二)申请材料不齐全或者不符合规定形式的，应当于收到申请材料之日起5个工作日内一次告知公共航空运输企业需要补正的内容，逾期不告知的，自收到申请材料之日起即为受理；

（三）所申请的国际航空运价属于核准范围，且申请材料齐全、符合规定形式的，或者公共航空运输企业已按照民航局要求提交全部补正申请材料的，应当予以受理。

第八条 民航局依据中华人民共和国政府与外国政府签订的航空运输协定或者协议，综合考虑经营成本、市场供求状况、社会承受能力和货币兑换率等因素，对公共航空运输企业申报的国际航空运价进行核准。

第九条 民航局自受理之日起20个工作日内作出核准或者不予核准的决定。

第十条 经核准的国际航空运价需要调整的，公共航空运输企业应当依照本规定第五条、第六条的规定向民航局提出核准申请。民航局依照本规定第七条至第九条的规定进行核准。

第十一条 中华人民共和国政府与外国政府签订的航空运输协定或者协议中规定国际航空运价需要报民航局备案的，公共航空运输企业应当就旅客公布运价中的旅客普通运价和货物公布运价中的普通货物运价报民航局备案。

公共航空运输企业备案国际航空运价应当取得航线经营许可。

第十二条 国际航空运价实行备案的，公共航空运输企业应当于国际航空运价生效之日起20个工作日内，通过信函、传真、电子邮件等方式，将国际航空运价种类、运价水平、适用条件及其他有关材料，报民航局备案。

第十三条 公共航空运输企业调整已备案的国际航空运价后，应当依照本规定第十一条、第十二条的规定重新报民航局备案。

第十四条 公共航空运输企业应当遵循公开、公平和诚实信用的原则，及时、准确、全面地公布旅客公布运价和货物公布运价的水平以及适用条件。

第三章 监督管理及法律责任

第十五条 民航局定期发布、更新国际航空运价适用核准、备案管理的国家目录。

第十六条 民航行政机关应当建立监督管理机制，对国际航空运价核准、备案活动依法进行监督管理。

第十七条 民航行政机关进行国际航空运价监督管理时，可以依法采取下列措施：

（一）进入公共航空运输企业、销售代理企业的经营场所进行检查；

（二）询问当事人或者有关人员，要求其说明有关情况或者提供与国际航空运价有关的资料；

（三）查询、复制有关账簿、单据、凭证、文件以及与国际航空运价有关的其他资料。

第十八条 公共航空运输企业及其销售代理企业应当接受和配合民航行政机关依法开展的监督管理，如实提供有关资料或者情况。

第十九条 民航行政机关实施监督管理，应当遵守相关法律、法规、规章的规定，对调查过程中知悉的商业秘密负有保密义务。

第二十条 公共航空运输企业、销售代理企业不得从事下列行为：

（一）应当核准的国际航空运价未经民航局核准而实施的；

（二）在核准生效日期前实施国际航空运价；

（三）应当备案的国际航空运价未报民航局备案；

（四）未按照已核准或者已备案的价格水平及适用条件实施国际航空运价；

（五）拒绝提供监督管理所需资料或者提供虚假资料。

第二十一条 公共航空运输企业有本规定第二十条第一项至

第三项所列行为之一且造成严重后果的，依法记入民航行业严重失信行为信用记录。

公共航空运输企业、销售代理企业有本规定第二十条第四项或者第五项所列行为之一的，依法记入民航行业严重失信行为信用记录。

第二十二条 公共航空运输企业有本规定第二十条第一项至第三项所列行为之一的，由民航行政机关责令改正，处1万元以上2万元以下的罚款；情节严重的，处2万元以上3万元以下的罚款。

第二十三条 公共航空运输企业、销售代理企业有本规定第二十条第四项或者第五项所列行为之一的，由民航行政机关责令改正，处2万元以上3万元以下的罚款。

公共航空运输企业、销售代理企业有本规定第二十条第四项规定的行为，构成《中华人民共和国价格法》规定的不正当价格行为的，依照价格法律、行政法规的规定执行。

第四章　附　　则

第二十四条 本规定所用的术语和定义如下：

（一）旅客公布运价，是指公共航空运输企业对公众公开发布和销售的旅客运价，包括旅客普通运价和旅客特种运价。

旅客普通运价，是指适用于头等舱、公务舱和经济舱等舱位等级的最高运价。

旅客特种运价，是指除旅客普通运价以外的其他旅客公布运价。

（二）旅客非公布运价，是指公共航空运输企业根据与特定组织或者个人签订的协议，有选择性地提供给对方，而不对公众公开发布和销售的旅客运价。

（三）货物公布运价，是指公共航空运输企业对公众公开发布和销售的货物运价，包括普通货物运价、等级货物运价、指定商品运价和集装货物运价。

普通货物运价，是指在始发地与目的地之间运输货物时，根据货物的重量或者体积计收的基准运价。

等级货物运价，是指适用于某一区域内或者两个区域之间运输某些特定货物时，在普通货物运价基础上附加或者附减一定百分比的运价。

指定商品运价，是指适用于自指定始发地至指定目的地之间运输某些具有特定品名编号货物的运价。

集装货物运价，是指适用于自始发地至目的地使用集装设备运输货物的运价。

（四）货物非公布运价，是指公共航空运输企业根据与特定组织或者个人签订的协议，有选择性地提供给对方，而不对公众公开发布和销售的货物运价。

第二十五条　本规定自2021年1月1日起施行。

司法解释

最高人民法院　司法部关于印发《〈中华人民共和国人民陪审员法〉实施中若干问题的答复》的通知

（2020 年 8 月 11 日　法发〔2020〕29 号）

各省、自治区、直辖市高级人民法院、司法厅(局)，新疆维吾尔自治区高级人民法院生产建设兵团分院、新疆生产建设兵团司法局：

为进一步规范人民陪审员工作，现将《〈中华人民共和国人民陪审员法〉实施中若干问题的答复》印发你们，请结合实际认真贯彻执行。在执行中有何问题和建议，请及时报告最高人民法院、司法部。

《中华人民共和国人民陪审员法》实施中若干问题的答复

在《中华人民共和国人民陪审员法》(以下简称《人民陪审员法》)及配套规范性文件实施过程中，部分地方就有关问题进行请示，经研究，现答复如下：

1. 新疆维吾尔自治区生产建设兵团法院如何选任人民陪审员？

答：没有对应同级人民代表大会的兵团基层人民法院人民陪

审员的名额由兵团分院确定,经公示后确定的人民陪审员人选,由基层人民法院院长提请兵团分院任命。在未设立垦区司法局的垦区,可以由师(市)司法局会同垦区人民法院、公安机关组织开展人民陪审员选任工作。

2.《人民陪审员法》第六条第一项所指的监察委员会、人民法院、人民检察院、公安机关、国家安全机关、司法行政机关的工作人员是否包括行政编制外人员?

答:上述工作人员包括占用行政编制和行政编制外的所有工作人员。

3. 乡镇人民代表大会主席团的成员能否担任人民陪审员?

答:符合担任人民陪审员条件的乡镇人民代表大会主席团成员,不是上级人民代表大会常务委员会组成人员的,可以担任人民陪审员,法律另有禁止性规定的除外。

4. 人民代表大会常务委员会的工作人员能否担任人民陪审员?

答:人民代表大会常务委员会的工作人员,符合担任人民陪审员条件的,可以担任人民陪审员,法律另有禁止性规定的除外。

5. 人民代表大会常务委员会的组成人员、法官、检察官,以及人民法院、人民检察院的其他工作人员,监察委员会、公安机关、国家安全机关、司法行政机关的工作人员离任后能否担任人民陪审员?

答:(1)人民代表大会常务委员会的组成人员,监察委员会、人民法院、人民检察院、公安机关、国家安全机关、司法行政机关的工作人员离任后,符合担任人民陪审员条件的,可以担任人民陪审员。上述人员担任人民陪审员的比例应当与其他人员的比例适当平衡。

(2)法官、检察官从人民法院、人民检察院离任后二年内,不得担任人民陪审员。

(3)法官从人民法院离任后,曾在基层人民法院工作的,不得在原任职的基层人民法院担任人民陪审员；检察官从人民检察院离任后，曾在基层人民检察院工作的，不得在与原任职的基层人民检察院同级、同辖区的人民法院担任人民陪审员。

（4）法官从人民法院离任后，担任人民陪审员的，不得参与原任职人民法院的审判活动；检察官从人民检察院离任后，担任人民陪审员的，不得参与原任职人民检察院同级、同辖区的人民法院的审判活动。

6. 劳动争议仲裁委员会的仲裁员能否担任人民陪审员？

答：劳动争议仲裁委员会的仲裁员不能担任人民陪审员。

7. 被纳入失信被执行人名单的公民能否担任人民陪审员？

答：公民被纳入失信被执行人名单期间，不得担任人民陪审员。人民法院撤销或者删除失信信息后，公民符合法定条件的，可以担任人民陪审员。

8. 公民担任人民陪审员不得超过两次，是否包括《人民陪审员法》实施前以及在不同人民法院任职的情形？

答：公民担任人民陪审员总共不得超过两次，包括《人民陪审员法》实施前任命以及在不同人民法院任职的情形。

9. 有独立请求权的第三人是否可以申请由人民陪审员参加合议庭审判案件？

答：有独立请求权的第三人可以依据《人民陪审员法》相关规定申请由人民陪审员参加合议庭审判案件。

10. 人民法院可否吸收人民陪审员参加减刑、假释案件的审理？

答：人民法院可以结合案件情况，吸收人民陪审员参加减刑、假释案件审理，但不需要开庭审理的除外。

11. 人民陪审员是否可以参加案件执行工作？

答：根据《人民陪审员法》，人民陪审员参加第一审刑事、民事、行政案件的审判。人民法院不得安排人民陪审员参加案件执行工作。

12. 人民法院可以根据案件审判需要,从人民陪审员名单中随机抽取一定数量的候补人民陪审员,并确定递补顺序,一并告知当事人。如果原定人民陪审员因故无法到庭,由候补人民陪审员参与案件审理,是否需要就变更合议庭成员另行告知双方当事人?候补人民陪审员的递补顺序,应如何确定?

答:人民法院已一并告知候补人民陪审员名单的,如变更由候补人民陪审员参加庭审的,无需另行告知当事人。确定候补人民陪审员的递补顺序,可按照姓氏笔画排序等方式确定。

13. 根据《最高人民法院关于适用〈中华人民共和国人民陪审员法〉若干问题的解释》,七人合议庭开庭前和评议时,应当制作事实认定问题清单。审判实践中,如何制作事实认定问题清单?

答:事实认定问题清单应当立足全部案件事实,重点针对案件难点和争议的焦点内容。刑事案件中,可以以犯罪构成要件事实为基础,主要包括构成犯罪的事实、不构成犯罪的事实,以及有关量刑情节的事实等。民事案件中,可以根据不同类型纠纷的请求权规范基础,归纳出当事人争议的要件事实。行政案件中,主要包括审查行政行为合法性所必须具备的事实。

14. 合议庭评议案件时,人民陪审员和法官可否分组分别进行评议、表决?

答:合议庭评议案件时,人民陪审员和法官应当共同评议、表决,不得分组进行。

15. 案件审结后,人民法院将裁判文书副本送交参加该案审判的人民陪审员时,能否要求人民陪审员在送达回证上签字?

答:人民陪审员不是受送达对象,不能要求人民陪审员在送达回证上签字。人民法院将裁判文书副本送交人民陪审员时,可以以适当方式请人民陪审员签收后存档。

16. 如何把握人民陪审员年度参审数上限一般不超过30件的要求?对于人民陪审员参与审理批量系列案件的,如何计算案件数量?

答:个别案件量大的人民法院可以结合本院实际情况,提出参审数上限在 30 件以上设置的意见,层报高级人民法院备案后实施。高级人民法院应统筹辖区整体情况从严把握。

人民陪审员参加审理批量系列案件的,可以按一定比例折算案件数以核定是否超出参审数上限。具体折算比例,由高级人民法院确定。

17. 对于人民陪审员参审案件数占第一审案件数的比例即陪审率,是否可以设定考核指标?

答:《人民陪审员法》及相关司法解释规定了人民陪审员参审案件范围和年度参审数上限,要严格执行相关规定。人民法院不得对第一审案件总体陪审率设定考核指标,但要对第一审案件总体陪审率、人民陪审员参加七人合议庭等情况进行统计监测。

18. 人民陪审员是否适用法官法中法官任职回避的规定?

答:人民陪审员适用民事、刑事、行政诉讼法中诉讼回避的规定,不适用法官法中法官任职回避的规定。

19. 人民陪审员在参加庭审等履职过程中,着装有何要求?

答:人民陪审员在参加庭审等履职过程中,着装应当端庄、得体,但不得配发、穿着统一制服。

附：

2020 年 10 月份报国务院备案并予以登记的地方性法规、自治条例、单行条例和地方政府规章目录

地方性法规

法规名称	公布日期	备案登记编号
北京市人民代表大会常务委员会关于废止《北京市食品安全条例》的决定	2020 年 6 月 5 日	国司备字［2020002601］
北京市医院安全秩序管理规定	2020 年 6 月 5 日	国司备字［2020002602］
北京市危险废物污染环境防治条例	2020 年 6 月 5 日	国司备字［2020002603］
天津国家自主创新示范区条例	2020 年 5 月 18 日	国司备字［2020002604］
天津市突发公共卫生事件应急管理办法	2020 年 5 月 18 日	国司备字［2020002605］
天津市生活垃圾管理条例	2020 年 7 月 29 日	国司备字［2020002606］
天津市宗教事务条例	2020 年 7 月 29 日	国司备字［2020002607］
天津市人民代表大会常务委员会关于修改《天津市海洋环境保护条例》的决定	2020 年 7 月 29 日	国司备字［2020002608］
天津市街道办事处条例	2020 年 9 月 25 日	国司备字［2020002725］
天津市人民代表大会常务委员会和区人民代表大会常务委员会规范性文件备案审查办法	2020 年 9 月 25 日	国司备字［2020002726］
天津市绿色生态屏障管控地区管理若干规定	2020 年 9 月 25 日	国司备字［2020002727］

续表

法规名称	公布日期	备案登记编号
天津市人民代表大会常务委员会关于修改《天津市供电用电条例》等七部地方性法规的决定	2020 年 9 月 25 日	国司备字［2020002728］
天津市人民代表大会常务委员会关于废止《天津市社会办医机构管理条例》的决定	2020 年 9 月 25 日	国司备字［2020002729］
河北省各级人民代表大会常务委员会规范性文件备案审查条例	2020 年 3 月 27 日	国司备字［2020002609］
河北省生态环境保护条例	2020 年 3 月 27 日	国司备字［2020002610］
河北省全民健身条例	2020 年 3 月 27 日	国司备字［2020002611］
河北省非煤矿山综合治理条例	2020 年 6 月 2 日	国司备字［2020002613］
河北省科学技术进步条例	2020 年 6 月 2 日	国司备字［2020002614］
河北省人民代表大会代表建议、批评和意见处理办法	2020 年 6 月 2 日	国司备字［2020002616］
河北省城乡生活垃圾分类管理条例	2020 年 7 月 30 日	国司备字［2020002617］
河北省人民代表大会常务委员会关于加强船舶大气污染防治的若干规定	2020 年 7 月 30 日	国司备字［2020002619］
河北省人民代表大会常务委员会关于废止《河北省城市建设管理条例》和《河北省地质环境管理条例》的决定	2020 年 7 月 30 日	国司备字［2020002620］
河北省人民代表大会常务委员会关于修改《河北省辐射污染防治条例》等七部法规的决定	2020 年 7 月 30 日	国司备字［2020002622］
山西省优化营商环境条例	2020 年 1 月 18 日	国司备字［2020002623］

续表

法规名称	公布日期	备案登记编号
山西省人民代表大会常务委员会关于修改《山西省实施〈中华人民共和国野生动物保护法〉办法》的决定	2020 年 3 月 31 日	国司备字［2020002624］
山西省宗教事务条例	2020 年 3 月 31 日	国司备字［2020002625］
山西省实施《中华人民共和国高等教育法》办法	2020 年 3 月 31 日	国司备字［2020002626］
山西省创新驱动高质量发展条例	2020 年 5 月 15 日	国司备字［2020002629］
山西省经济林发展条例	2020 年 5 月 15 日	国司备字［2020002631］
山西省大数据发展应用促进条例	2020 年 5 月 15 日	国司备字［2020002633］
山西省人民代表大会常务委员会关于加强吕梁山区生态保护和修复促进高质量发展的决定	2020 年 5 月 15 日	国司备字［2020002634］
山西省禁止公共场所随地吐痰的规定	2020 年 5 月 15 日	国司备字［2020002636］
山西省人民代表大会常务委员会关于禁止野外用火的决定	2020 年 5 月 15 日	国司备字［2020002637］
山西省人民代表大会常务委员会关于废止《山西省农业综合开发条例》的决定	2020 年 5 月 15 日	国司备字［2020002638］
山西省开发区条例	2019 年 1 月 30 日	国司备字［2020002639］
山西省企业投资项目承诺制规定	2019 年 5 月 30 日	国司备字［2020002640］
山西省行政执法条例	2019 年 7 月 31 日	国司备字［2020002641］
山西省志愿服务条例	2019 年 7 月 31 日	国司备字［2020002642］

续表

法规名称	公布日期	备案登记编号
山西省水污染防治条例	2019 年 7 月 31 日	国司备字［2020002644］
山西省人民代表大会常务委员会关于废止《山西省城乡规划条例》的决定	2019 年 7 月 31 日	国司备字［2020002646］
山西省红色文化遗址保护利用条例	2019 年 9 月 27 日	国司备字［2020002647］
山西省警务辅助人员条例	2019 年 9 月 27 日	国司备字［2020002648］
山西省人民代表大会常务委员会关于废止《山西省酒类管理条例》《山西省盐业管理条例》的决定	2019 年 9 月 27 日	国司备字［2020002650］
山西省促进科技成果转化条例	2019 年 11 月 29 日	国司备字［2020002653］
山西省促进雁门关农牧交错带发展条例	2019 年 11 月 29 日	国司备字［2020002654］
山西省土壤污染防治条例	2019 年 11 月 29 日	国司备字［2020002655］
山西省人民代表大会常务委员会关于修改《山西省消防条例》的决定	2019 年 11 月 29 日	国司备字［2020002658］
山西省人民代表大会常务委员会关于废止《山西省废旧金属收购业治安监督管理暂行条例》的决定	2019 年 11 月 29 日	国司备字［2020002659］
山西省人民代表大会常务委员会关于修改《山西省建设工程勘察设计管理条例》等四部地方性法规的决定	2019 年 5 月 30 日	国司备字［2020002773］
山西省人民代表大会常务委员会关于修改《山西省村民委员会选举办法》和《山西省城乡环境综合治理条例》的决定	2020 年 5 月 15 日	国司备字［2020002774］
太原市道路交通安全管理条例	2019 年 4 月 8 日	国司备字［2020002660］

续表

法规名称	公布日期	备案登记编号
太原市养犬管理条例	2019 年 9 月 30 日	国司备字［2020002662］
大同市人民代表大会常务委员会关于修改《大同市城市节约用水管理条例》的决定	2019 年 10 月 15 日	国司备字［2020002664］
内蒙古自治区红十字会条例	2020 年 1 月 7 日	国司备字［2020002697］
内蒙古自治区额济纳胡杨林保护条例	2020 年 6 月 11 日	国司备字［2020002700］
内蒙古自治区社会科学普及条例	2020 年 7 月 23 日	国司备字［2020002702］
内蒙古自治区基层综合行政执法条例	2020 年 7 月 23 日	国司备字［2020002705］
内蒙古自治区人民代表大会常务委员会关于修改《内蒙古自治区公共安全技术防范管理条例》等 4 件地方性法规的决定	2020 年 7 月 23 日	国司备字［2020002708］
内蒙古自治区人民代表大会常务委员会关于废止《内蒙古自治区技术市场管理条例》等 4 件地方性法规的决定	2020 年 7 月 23 日	国司备字［2020002710］
呼和浩特市耕地污染防治办法	2020 年 7 月 2 日	国司备字［2020002531］
呼和浩特市人民代表大会常务委员会关于修改《呼和浩特市人民代表大会常务委员会讨论决定重大事项的规定》的决定	2020 年 7 月 30 日	国司备字［2020002532］
呼和浩特市人民代表大会常务委员会关于修改《呼和浩特市养犬管理规定》的决定	2020 年 7 月 30 日	国司备字［2020002533］
呼伦贝尔市集中式饮用水水源保护条例	2020 年 4 月 24 日	国司备字［2020002711］
通辽市大气污染防治条例	2020 年 1 月 21 日	国司备字［2020002712］
乌兰察布市粉尘污染防治条例	2020 年 1 月 17 日	国司备字［2020002713］

续表

法规名称	公布日期	备案登记编号
鄂尔多斯市绿色矿山建设管理条例	2020 年 8 月 11 日	国司备字［2020002534］
乌海市地下水保护条例	2020 年 8 月 13 日	国司备字［2020002535］
辽宁省法治宣传教育条例	2020 年 5 月 13 日	国司备字［2020002690］
辽宁省企业民主管理条例	2020 年 8 月 5 日	国司备字［2020002691］
吉林省反家庭暴力条例	2020 年 6 月 5 日	国司备字［2020002688］
吉林省广播电视设施保护条例	2020 年 6 月 5 日	国司备字［2020002689］
黑龙江省人民代表大会常务委员会关于废止《黑龙江省预防职务犯罪工作条例》的决定	2020 年 4 月 9 日	国司备字［2020002682］
黑龙江省人民代表大会常务委员会关于修改和废止《黑龙江省体育发展条例》等 15 部地方性法规的决定	2020 年 6 月 18 日	国司备字［2020002685］
黑龙江省农村集体经济组织条例	2020 年 8 月 21 日	国司备字［2020002686］
黑龙江省哈尔滨新区条例	2019 年 12 月 18 日	国司备字［2020002783］
哈尔滨市摩托车管理规定	2020 年 9 月 2 日	国司备字［2020002551］
齐齐哈尔市人民代表大会常务委员会废止 2 件和修改 1 件地方性法规的决定	2020 年 8 月 22 日	国司备字［2020002598］
大庆市机动车和非道路移动机械排气污染防治条例	2020 年 8 月 31 日	国司备字［2020002552］
黑河市文明行为促进条例	2020 年 8 月 25 日	国司备字［2020002553］
上海市推进科技创新中心建设条例	2020 年 1 月 20 日	国司备字［2020002612］

续表

法规名称	公布日期	备案登记编号
上海市会展业条例	2020 年 3 月 19 日	国司备字［2020002615］
上海市实施《中华人民共和国农民专业合作社法》办法	2020 年 3 月 19 日	国司备字［2020002618］
上海市人民代表大会常务委员会关于修改《上海市消防条例》的决定	2020 年 3 月 19 日	国司备字［2020002621］
上海市地方金融监督管理条例	2020 年 4 月 10 日	国司备字［2020002627］
上海市优化营商环境条例	2020 年 4 月 10 日	国司备字［2020002628］
上海市中华鲟保护管理条例	2020 年 5 月 14 日	国司备字［2020002630］
上海市人民代表大会常务委员会关于废止《上海市实施〈中华人民共和国野生动物保护法〉办法》的决定	2020 年 5 月 14 日	国司备字［2020002632］
上海市促进中小企业发展条例	2020 年 6 月 18 日	国司备字［2020002635］
江苏省电动自行车管理条例	2020 年 5 月 15 日	国司备字［2020002656］
江苏省促进政务服务便利化条例	2020 年 5 月 15 日	国司备字［2020002657］
江苏省中医药条例	2020 年 7 月 31 日	国司备字［2020002661］
江苏省人民代表大会常务委员会关于加强小餐饮管理的决定	2020 年 7 月 31 日	国司备字［2020002663］
江苏省各级人民代表大会常务委员会规范性文件备案审查条例	2020 年 7 月 31 日	国司备字［2020002665］
江苏省人民代表大会常务委员会关于修改《江苏省野生动物保护条例》的决定	2020 年 7 月 31 日	国司备字［2020002666］

续表

法规名称	公布日期	备案登记编号
江苏省人民代表大会常务委员会关于修改《江苏省矿产资源管理条例》等十一件地方性法规的决定	2020 年 7 月 31 日	国司备字［2020002667］
苏州市人民代表大会常务委员会关于修改《苏州市专利促进条例》《苏州市城乡规划条例》的决定	2020 年 8 月 10 日	国司备字［2020002599］
浙江省水资源条例	2020 年 9 月 24 日	国司备字［2020002568］
浙江省大运河世界文化遗产保护条例	2020 年 9 月 24 日	国司备字［2020002570］
浙江省人民代表大会常务委员会关于修改《浙江省农村集体资产管理条例》等七件地方性法规的决定	2020 年 9 月 24 日	国司备字［2020002572］
浙江省人民代表大会常务委员会关于修改《浙江省社会救助条例》等六件地方性法规的决定	2020 年 9 月 24 日	国司备字［2020002576］
浙江省人民代表大会常务委员会关于废止《浙江省取缔无照经营条例》等七件地方性法规和法规性决定的决定	2020 年 9 月 24 日	国司备字［2020002581］
浙江省广告管理条例	2020 年 7 月 31 日	国司备字［2020002677］
浙江省公路条例	2020 年 5 月 15 日	国司备字［2020002678］
浙江省电动自行车管理条例	2020 年 5 月 15 日	国司备字［2020002679］
浙江省地方金融条例	2020 年 5 月 15 日	国司备字［2020002680］
浙江省人民代表大会常务委员会关于修改《浙江省村民委员会选举办法》《浙江省实施〈中华人民共和国村民委员会组织法〉办法》《浙江省村经济合作社组织条例》的决定	2020 年 7 月 31 日	国司备字［2020002687］

续表

法规名称	公布日期	备案登记编号
杭州市钱塘江综合保护与发展条例	2020年8月17日	国司备字〔2020002517〕
宁波市人民代表大会常务委员会关于修改《宁波市医疗纠纷预防与处置条例》的决定	2020年8月17日	国司备字〔2020002522〕
宁波市人民代表大会常务委员会关于修改《宁波市燃气管理条例》的决定	2020年8月17日	国司备字〔2020002523〕
宁波市人民代表大会常务委员会关于修改《宁波市公路养护管理条例》的决定	2020年8月17日	国司备字〔2020002524〕
宁波市人民代表大会常务委员会关于修改《宁波市轨道交通运营管理条例》的决定	2020年8月17日	国司备字〔2020002525〕
宁波市人民代表大会常务委员会关于修改《宁波市遗体捐献条例》的决定	2020年8月17日	国司备字〔2020002526〕
宁波市公共资源交易管理条例	2020年8月11日	国司备字〔2020002527〕
宁波市人民代表大会常务委员会关于修改《宁波市学校安全条例》的决定	2020年6月5日	国司备字〔2020002683〕
宁波市人民代表大会常务委员会关于修改《宁波市台湾同胞投资保障条例》的决定	2020年6月5日	国司备字〔2020002684〕
湖州市人民代表大会常务委员会关于修改《湖州市制定地方性法规条例》的决定	2020年8月28日	国司备字〔2020002518〕
衢州市文明行为促进条例	2020年5月22日	国司备字〔2020002681〕
金华市大气污染防治规定	2020年8月12日	国司备字〔2020002577〕
金华市无偿施救规定	2020年8月12日	国司备字〔2020002578〕
金华市人民代表大会常务委员会关于修改《金华市文明行为促进条例》的决定	2020年8月12日	国司备字〔2020002579〕
台州市文明行为促进条例	2020年8月20日	国司备字〔2020002555〕

续表

法规名称	公布日期	备案登记编号
台州市长潭水库饮用水水源保护条例	2020 年 8 月 20 日	国司备字［2020002556］
温州市荣誉市民条例	2020 年 8 月 7 日	国司备字［2020002528］
嘉兴市生活垃圾分类管理条例	2020 年 8 月 11 日	国司备字［2020002519］
绍兴市村庄规划建设条例	2020 年 8 月 18 日	国司备字［2020002580］
丽水市文明行为促进条例	2020 年 8 月 14 日	国司备字［2020002520］
丽水市城市养犬管理规定	2020 年 8 月 14 日	国司备字［2020002521］
安徽省家庭教育促进条例	2020 年 8 月 3 日	国司备字［2020002583］
安徽省道路运输管理条例	2020 年 8 月 3 日	国司备字［2020002584］
安徽省人民代表大会常务委员会关于修改《安徽省实施〈中华人民共和国野生动物保护法〉办法》的决定	2020 年 8 月 3 日	国司备字［2020002585］
安徽省节约能源条例	2020 年 7 月 2 日	国司备字［2020002643］
安徽省公共文化服务保障条例	2020 年 7 月 2 日	国司备字［2020002645］
合肥市文明行为促进条例	2020 年 8 月 13 日	国司备字［2020002586］
合肥市生活垃圾分类管理条例	2020 年 8 月 13 日	国司备字［2020002587］
池州市文明行为促进条例	2020 年 8 月 11 日	国司备字［2020002588］
芜湖市文明行为促进条例	2020 年 8 月 13 日	国司备字［2020002589］

续表

法规名称	公布日期	备案登记编号
淮北市户外广告和牌匾标识管理条例	2020年8月18日	国司备字〔2020002591〕
福建省红十字会条例	2020年6月2日	国司备字〔2020002649〕
福建省家庭教育促进条例	2020年7月24日	国司备字〔2020002651〕
福建省各级人民代表大会常务委员会规范性文件备案审查条例	2020年7月24日	国司备字〔2020002652〕
厦门市人民代表大会常务委员会关于修改《厦门经济特区无偿献血条例》的决定	2020年8月28日	国司备字〔2020002717〕
厦门经济特区邮政条例	2020年8月28日	国司备字〔2020002718〕
山东省社会信用条例	2020年7月24日	国司备字〔2020002672〕
山东省乡镇人民政府工作条例	2020年6月12日	国司备字〔2020002673〕
山东省标准化条例	2020年6月12日	国司备字〔2020002674〕
山东省民族工作条例	2020年6月12日	国司备字〔2020002675〕
山东省人民代表大会常务委员会关于修改《山东省农民专业合作社条例》等十二件地方性法规的决定	2020年7月24日	国司备字〔2020002676〕
河南省电信条例	2020年6月4日	国司备字〔2020002668〕
河南省人民代表大会常务委员会关于修改《河南省人口与计划生育条例》等八部地方性法规的决定	2020年6月4日	国司备字〔2020002669〕
郑洛新国家自主创新示范区条例	2020年8月3日	国司备字〔2020002670〕

续表

法规名称	公布日期	备案登记编号
河南省文明行为促进条例	2020 年 8 月 3 日	国司备字［2020002671］
湖北省汉江流域水环境保护条例	2020 年 7 月 24 日	国司备字［2020002692］
湖北省人民代表大会常务委员会关于集中修改食品药品安全领域地方性法规的决定	2020 年 6 月 3 日	国司备字［2020002695］
湖北省人民代表大会常务委员会关于长江汉江湖北段实施禁捕的决定	2020 年 7 月 24 日	国司备字［2020002696］
湖北省人民代表大会常务委员会关于集中修改、废止涉及取消证明事项的部分省本级地方性法规的决定	2020 年 6 月 3 日	国司备字［2020002698］
湖北省学校安全条例	2020 年 6 月 3 日	国司备字［2020002699］
湖北省实施《中华人民共和国中小企业促进法》办法	2020 年 9 月 24 日	国司备字［2020002719］
恩施土家族苗族自治州饮用水水源地保护条例	2020 年 6 月 12 日	国司备字［2020002701］
湖南省实施《中华人民共和国反家庭暴力法》办法	2019 年 5 月 30 日	国司备字［2020002730］
汕尾市人民代表大会常务委员会关于修改《汕尾市城市市容和环境卫生管理条例》等三项地方性法规的决定	2020 年 8 月 19 日	国司备字［2020002516］
海南自由贸易港博鳌乐城国际医疗旅游先行区条例	2020 年 6 月 16 日	国司备字［2020002721］
海南省多元化解纠纷条例	2020 年 6 月 16 日	国司备字［2020002722］
海南省实施《中华人民共和国反家庭暴力法》办法	2020 年 6 月 16 日	国司备字［2020002731］
海南省人民代表大会常务委员会关于修改《海南省红树林保护规定》等四件法规的决定	2020 年 6 月 16 日	国司备字［2020002732］

续表

法规名称	公布日期	备案登记编号
海南省人民代表大会常务委员会关于修改《海南省实施〈中华人民共和国野生动物保护法〉办法》的决定	2020 年 7 月 31 日	国司备字［2020002733］
海南自由贸易港消防条例	2020 年 7 月 31 日	国司备字［2020002734］
海南热带雨林国家公园条例（试行）	2020 年 9 月 3 日	国司备字［2020002735］
海南省人民代表大会常务委员会关于修改《海南省村民委员会选举办法》的决定	2020 年 9 月 3 日	国司备字［2020002736］
海南省爱国卫生管理条例	2020 年 9 月 30 日	国司备字［2020002737］
海南省文明行为促进条例	2020 年 9 月 30 日	国司备字［2020002740］
海南省人民代表大会常务委员会关于加强检察公益诉讼工作的决定	2020 年 7 月 31 日	国司备字［2020002778］
三亚市人民代表大会常务委员会关于市人民政府机构改革涉及本市地方性法规规定的行政机关职责调整问题的决定	2020 年 6 月 23 日	国司备字［2020002738］
三沙市西沙群岛爱国卫生管理办法	2020 年 9 月 30 日	国司备字［2020002772］
重庆市公共场所控制吸烟条例	2020 年 9 月 29 日	国司备字［2020002600］
重庆市特种设备安全条例	2020 年 6 月 5 日	国司备字［2020002741］
重庆市实施《中华人民共和国公共文化服务保障法》办法	2020 年 6 月 5 日	国司备字［2020002742］
重庆市矿产资源管理条例	2020 年 6 月 5 日	国司备字［2020002743］
重庆市信访条例	2020 年 6 月 5 日	国司备字［2020002744］

续表

法规名称	公布日期	备案登记编号
重庆市地质灾害防治条例	2020 年 6 月 5 日	国司备字［2020002745］
重庆市水污染防治条例	2020 年 7 月 30 日	国司备字［2020002746］
重庆市实施《中华人民共和国红十字会法》办法	2020 年 7 月 30 日	国司备字［2020002747］
西藏自治区建筑市场管理条例	2020 年 6 月 10 日	国司备字［2020002703］
西藏自治区人民代表大会常务委员会关于修改《西藏自治区实施〈中华人民共和国村民委员会组织法〉办法》《西藏自治区实施〈中华人民共和国城市居民委员会组织法〉办法》《西藏自治区村民委员会选举办法》的决定	2020 年 9 月 27 日	国司备字［2020002775］
昌都市城市绿化条例	2020 年 9 月 30 日	国司备字［2020002594］
昌都市人民代表大会常务委员会关于修改《昌都市爱国卫生管理条例》的决定	2020 年 9 月 30 日	国司备字［2020002776］
山南市文明行为促进条例	2020 年 9 月 28 日	国司备字［2020002595］
山南市砂石料开采管理条例	2020 年 9 月 28 日	国司备字［2020002596］
陕西省中医药条例	2020 年 1 月 9 日	国司备字［2020002749］
陕西省延安革命旧址保护条例	2020 年 3 月 25 日	国司备字［2020002750］
陕西省实施《中华人民共和国种子法》办法	2020 年 3 月 25 日	国司备字［2020002751］
陕西省预算审查监督条例	2020 年 6 月 11 日	国司备字［2020002752］

续表

法规名称	公布日期	备案登记编号
陕西省人民代表大会常务委员会关于废止《陕西省农村集体五荒资源治理开发管理条例》的决定	2020 年 6 月 11 日	国司备字［2020002755］
陕西省治理货物运输车辆超限超载条例	2020 年 7 月 30 日	国司备字［2020002758］
西安市人民代表大会常务委员会关于修改《西安市道路交通安全条例》的决定	2020 年 3 月 26 日	国司备字［2020002549］
咸阳市大气污染防治条例	2019 年 12 月 24 日	国司备字［2020002543］
延安市人民代表大会常务委员会关于修改《延安市退耕还林成果保护条例》的决定	2020 年 3 月 9 日	国司备字［2020002548］
汉中市大气污染防治条例	2020 年 6 月 15 日	国司备字［2020002550］
安康市硒资源保护与利用条例	2019 年 12 月 20 日	国司备字［2020002592］
青海省促进科技成果转化条例	2020 年 6 月 10 日	国司备字［2020002760］
青海省人民代表大会常务委员会关于修改《青海省乡、民族乡、镇人民代表大会工作条例》的决定	2020 年 6 月 10 日	国司备字［2020002761］
玉树藏族自治州城镇管理条例	2020 年 8 月 1 日	国司备字［2020002766］
宁夏回族自治区公安机关警务辅助人员条例	2020 年 9 月 27 日	国司备字［2020002593］
宁夏回族自治区人民代表大会常务委员会关于修改《宁夏回族自治区建筑管理条例》等 6 件地方性法规的决定	2020 年 6 月 9 日	国司备字［2020002753］
宁夏回族自治区引黄古灌区世界灌溉工程遗产保护条例	2020 年 7 月 28 日	国司备字［2020002756］
宁夏回族自治区眼角膜捐献条例	2020 年 7 月 28 日	国司备字［2020002757］

续表

法规名称	公布日期	备案登记编号
银川市人民代表大会常务委员会关于废止《银川市基本农田保护规定》的决定	2020 年 6 月 10 日	国司备字［2020002754］
石嘴山市养犬管理条例	2020 年 8 月 3 日	国司备字［2020002759］
新疆维吾尔自治区人民代表大会常务委员会关于修改《新疆维吾尔自治区产品质量监督条例》的决定	2020 年 5 月 14 日	国司备字［2020002768］
新疆维吾尔自治区人民代表大会常务委员会关于加强检察公益诉讼工作的决定	2020 年 5 月 14 日	国司备字［2020002779］
克拉玛依市人民代表大会常务委员会关于修改《克拉玛依市城乡规划条例》的决定	2020 年 5 月 28 日	国司备字［2020002769］
伊犁哈萨克自治州绿化管理条例	2020 年 6 月 19 日	国司备字［2020002770］

自治州、自治县、自治旗的自治和单行条例

条例名称	公布日期	备案登记编号
鄂温克族自治旗人民代表大会关于废止《鄂温克族自治旗环境保护条例》和《鄂温克族自治旗城市市容和环境卫生管理条例》的决定	2020 年 8 月 11 日	国司备字［2020002536］
莫力达瓦达斡尔族自治旗河道保护管理条例	2020 年 7 月 7 日	国司备字［2020002714］
莫力达瓦达斡尔族自治旗旅游条例	2020 年 7 月 7 日	国司备字［2020002715］
莫力达瓦达斡尔族自治旗城市市容和环境卫生管理条例	2020 年 8 月 3 日	国司备字［2020002716］
清原满族自治县森林资源保护管理条例	2020 年 9 月 10 日	国司备字［2020002530］

续表

条例名称	公布日期	备案登记编号
桓仁满族自治县生活垃圾分类管理条例	2020 年 5 月 11 日	国司备字［2020002693］
桓仁满族自治县五女山山城保护管理条例（修订）	2020 年 5 月 11 日	国司备字［2020002694］
连山壮族瑶族自治县有机稻产业发展条例	2020 年 9 月 23 日	国司备字［2020002563］
昌江黎族自治县棋子湾景观石保护条例	2020 年 9 月 11 日	国司备字［2020002529］
乐东黎族自治县河湖（库）保护管理条例	2020 年 6 月 18 日	国司备字［2020002739］
秀山土家族苗族自治县人民代表大会关于修改《秀山土家族苗族自治县锰矿资源管理条例》的决定	2020 年 6 月 10 日	国司备字［2020002748］
北川羌族自治县北川苔子茶古茶树保护条例	2020 年 8 月 11 日	国司备字［2020002537］
北川羌族自治县促进民族团结进步条例	2020 年 8 月 11 日	国司备字［2020002539］
海西蒙古族藏族自治州人民代表大会关于废止《海西蒙古族藏族自治州社会治安综合治理条例》的决定	2020 年 6 月 29 日	国司备字［2020002762］
海北藏族自治州全域旅游促进条例	2020 年 6 月 29 日	国司备字［2020002763］
海北藏族自治州自治条例	2020 年 6 月 29 日	国司备字［2020002764］
黄南藏族自治州草原保护条例	2020 年 7 月 1 日	国司备字［2020002765］
循化撒拉族自治县民族团结进步条例	2020 年 6 月 22 日	国司备字［2020002767］
木垒哈萨克自治县文明行为促进条例	2020 年 5 月 26 日	国司备字［2020002771］

地方政府规章

规章名称	公布日期	备案登记编号
北京市禁止违法建设若干规定	2020 年 10 月 13 日	国司备字［2020002780］
北京市建筑垃圾处置管理规定	2020 年 7 月 29 日	国司备字［2020002781］
太原市社会用字管理办法	2020 年 10 月 12 日	国司备字［2020002724］
晋中市电动自行车管理办法	2020 年 7 月 31 日	国司备字［2020002538］
内蒙古自治区人民政府关于废止部分自治区政府规章的决定	2020 年 9 月 27 日	国司备字［2020002575］
呼和浩特市生活垃圾分类管理办法	2020 年 8 月 30 日	国司备字［2020002706］
呼伦贝尔市人民政府拟定地方性法规草案和制定政府规章程序规定	2020 年 9 月 22 日	国司备字［2020002704］
上海市行政应诉工作规定	2020 年 9 月 10 日	国司备字［2020002554］
江苏省省级财政专项资金管理办法	2020 年 9 月 23 日	国司备字［2020002573］
泰州市传染病防治卫生监督管理办法	2020 年 9 月 17 日	国司备字［2020002567］
杭州市人民政府关于修改《杭州市限制活禽交易管理办法》部分条款的决定	2020 年 10 月 10 日	国司备字［2020002782］
宁波市公共数据安全管理暂行规定	2020 年 9 月 25 日	国司备字［2020002566］
合肥市人民政府关于修改《合肥市生活垃圾管理办法》的决定	2020 年 9 月 17 日	国司备字［2020002542］
福州市房屋结构安全管理办法	2020 年 8 月 27 日	国司备字［2020002546］

续表

规章名称	公布日期	备案登记编号
江西省涉及国家安全事项的建设项目管理规定	2020 年 9 月 24 日	国司备字［2020002777］
济南市公共数据管理办法	2020 年 9 月 30 日	国司备字［2020002707］
青岛市活禽交易管理办法	2020 年 9 月 11 日	国司备字［2020002544］
青岛市农业废弃物管理暂行办法	2020 年 9 月 18 日	国司备字［2020002545］
武汉市停车设施建设管理暂行办法	2020 年 9 月 21 日	国司备字［2020002564］
武汉市人民政府关于修改《武汉市户外广告设置管理办法》的决定	2020 年 9 月 20 日	国司备字［2020002565］
黄石市民用建筑节能与绿色建筑管理办法	2020 年 9 月 25 日	国司备字［2020002574］
孝感市优秀历史建筑保护办法	2020 年 9 月 14 日	国司备字［2020002558］
广州市互联网租赁自行车管理办法	2020 年 9 月 21 日	国司备字［2020002723］
广西壮族自治区内部审计工作规定	2020 年 9 月 19 日	国司备字［2020002562］
河池市家庭旅馆消防安全管理规定	2020 年 9 月 23 日	国司备字［2020002709］
西藏自治区水文管理办法	2020 年 9 月 1 日	国司备字［2020002560］
拉萨市城市生活垃圾分类管理办法	2020 年 9 月 30 日	国司备字［2020002559］
拉萨市行政调解规定	2020 年 9 月 17 日	国司备字［2020002582］
日喀则市生活垃圾分类管理办法	2020 年 8 月 17 日	国司备字［2020002569］

续表

规章名称	公布日期	备案登记编号
日喀则市区停车场管理办法	2020 年 8 月 17 日	国司备字［2020002571］
商洛市人民政府起草地方性法规草案制定政府规章程序的规定	2020 年 8 月 12 日	国司备字［2020002540］
酒泉市城市供热管理办法	2020 年 9 月 3 日	国司备字［2020002547］
银川市人民政府关于废止《银川市地方税收保障办法》的决定	2020 年 8 月 29 日	国司备字［2020002541］

图书在版编目(CIP)数据

中华人民共和国新法规汇编.2020年.第11辑:总第285辑/司法部编.—北京:中国法制出版社,2020.12
ISBN 978-7-5216-1539-5

Ⅰ.①中… Ⅱ.①司… Ⅲ.①法规-汇编-中国-2020
Ⅳ.①D920.9

中国版本图书馆CIP数据核字(2020)第253246号

中华人民共和国新法规汇编
ZHONGHUA RENMIN GONGHEGUO XIN FAGUI HUIBIAN
(2020年第11辑)
编者/司法部

经销/新华书店
印刷/三河市紫恒印装有限公司
开本/850毫米×1168毫米 32开　　印张/7.5 字数/163千
版次/2020年12月第1版　　2020年12月第1次印刷

中国法制出版社出版
书号 ISBN 978-7-5216-1539-5　　定价:18.00元

北京西单横二条2号
邮政编码 100031　　传真:010-66031119
网址:http://www.zgfzs.com　　**编辑部电话:010-66066621**
市场营销部电话:010-66033393　　**邮购部电话:010-66033288**
(如有印装质量问题,请与本社印务部联系调换。电话:010-66032926)